检察调研与指导

2018年 第4辑（总第23辑）

主办 / 最高人民检察院法律政策研究室
　　　检察日报社

主编 / 万　春　李雪慧

中国出版集团
研究出版社

U0732717

主　　　任 | 万　春　李雪慧

副 主 任 | 徐建波　王建平　线　杰

委　　　员 | （以姓氏笔画为序）

丁校波　王　磊　王国忠　王秋丽　王保权　王媛媛

卢宇蓉　乐绍光　冯耀辉　吕天奇　朱春莉　刘　明

刘曙光　闫俊瑛　孙　宇　苏金基　李　政　李　萍

李梦林　杨英华　杨新义　吴孟栓　张　飞　张　宇

张宏思　张登高　沈迪满　陈友聪　罗　军　金　石

庞立强　胡春健　赵国华　贾乃吉　黄祖帅　曾庆云

曾　翀

主　　　编 | 万　春　李雪慧

执 行 主 编 | 线　杰

编辑部主任 | 张志玲

编辑部副主任 | 杨安瑞　刘金林

编 辑 主 管 | 张佳立

编　　　辑 | 赵　敏　俞　楠　翟兰云

美 术 编 辑 | 姚　雯

发　　　行 | 郑　举

编 辑 热 线 | 010-86423511　88953983　86423350

订 阅 热 线 | 010-86423512　86423525　86423510

投 稿 邮 箱 | jcdyyzd@163.com

目 录
CONTENTS

·司改前沿·

·调查报告·

·机制构建·

·实务研究·

·检察长论坛·

·典型经验·

·观点摘要·

编者按 《检察调研与指导》编辑部、检察日报社理论部与河南省郑州市人民检察院共同开展"检察长谈公益诉讼"有奖征文活动以来，各地检察机关踊跃投稿，建言献策，为深入推进公益诉讼工作提供了经验借鉴和理论思考。我们继续摘发部分征文，以飨读者。

检察公益诉讼工作的若干思考

王光贤*

2017年6月，第十二届全国人大常委会第二十八次会议通过了修改后的民事诉讼法和行政诉讼法，以国家立法的形式赋予检察机关提起公益诉讼的权力。2018年3月，最高法、最高检联合发布了《关于检察公益诉讼案件适用法律若干问题的解释》，为检察公益诉讼工作的全面实施提供了具体法律指导。在公益诉讼工作中，检察机关积极探索，取得了一定的成绩，但也遇到了新情况、新问题，需要研究解决。

一、上海检察机关的主要做法

上海检察机关通过办理污染环境等案件，推动相关主体保护公益，形成严格执法和公正司法的良性互动。绝大多数案件都在诉前程序阶段得到妥善解决，通过诉前程序督促行政机关对248亩被违法占用、污染的农用地启动修复程序，对1000余平方米被侵占的河道开展治理，对26万立方米的建筑和生活垃圾进行清理，对3015万余元流失的国有资产启动追回程序。

（一）领导高度重视，部署推进工作

上海检察机关对开展公益诉讼工作高度重视，市检察院专门下发了《关于上海检察机关全面开展公益诉讼工作的实施方案》，成立领导小组，检察长担任组长。

上海检察机关在公益诉讼工作中始终坚持四个基本原则：一是坚持党的领导和服务大局的原则。立足服务创新之城、人文之城、生态之城建设，为推动高质量发展、高品质生活，把上海建成营商环境、法治环境最好的全球城

* 上海市人民检察院副检察长。

市作出积极努力。二是坚持积极稳妥的原则。既积极履职又保持理性谦抑，准确把握检察监督界限，坚决做到不能不为更不能滥为，确保案件质量和"三个效果"有机统一。三是坚持保护公益的原则。当好公共利益的代表，牢牢把握"公益"这个核心，对严重损害公益、群众反映强烈的案件要敢于亮剑，同时也要准确把握法律政策界限，防止将私利通过公益诉讼的方式进行保护。四是坚持既监督又支持的原则。既通过办案对行政执法活动进行监督，又支持依法行政，形成共促发展的良性循环。上海铁路检察院在办理本市金山亭林污染环境案件时，发现城市垃圾处理中的系统性问题，形成专题报告向市有关部门反映；浦东新区检察院2017年以来先后办理5起生态环境资源领域公益诉讼案件，推动相关职能部门处理垃圾26万立方米，修复土地110余亩。

（二）加强基础建设，建立机制平台

一是加强工作机制建设。在检察机关内部，树立"一盘棋"的理念，强化上下一体、三级联动，加强刑检、民行、控申、社区、法警等内设部门间的相互配合，形成信息共享、线索移送、案件协查、结果反馈等常态化机制。在检察机关外部，主动加强与环保、工商、食药监等职能部门的工作沟通，与相关部门签署公益诉讼工作协议18份，涉及单位39家。其中，市检察院会同市法制办、市高级法院共同建立了行政规范性文件审查衔接工作机制，黄浦区检察院与区依法治区办公室建立了行政执法与检察监督衔接配合机制，徐汇区检察院与区法制办共同建立了行政复议与行政检察衔接平台。同时，加强与法院在案件管辖、证据规则、庭审程序等问题的沟通协调，市检察院与市高级法院就民事公益诉讼案件管辖等问题进行沟通，达成初步共识。

二是加强办案组织建设。深入开展民事行政检察队伍调研，探索建立完善适合公益诉讼案件办理特点的办案组织。坚持高起点规划、高标准配备，及时选配一批既有行政和民商事法律专业知识，又具有丰富的调查核实、出庭应诉工作经验的检察官，充实到民行检察队伍。通过设立公益诉讼检察官办公室、设置公益诉讼专职检察官等方式，提升办理公益诉讼案件的专业能力。目前，全市各级检察院共配备57名检察官和48名检察官助理负责公益诉讼办案工作。

三是加强办案流程建设。在案件线索方面，形成了案件线索发现、收集、移送机制，通过检察机关内部的统一业务应用系统以及外部的"两法衔接"平台、信访举报平台、网络舆情监测等全方位收集案件线索，并建立了线索集中管理、及时研判、科学评估的工作机制。2017年以来，共收集案件线索170余条。在立案和诉前程序方面，严格审核把关，严格比照刑事诉讼证据的要求做好立案审批工作，重点突出对案件事实和证据的审查。严格诉前程序，采取"一案一分析，一案一评估，一案一汇报，一案一审批"的办法。2017年以来，共立案34件，启动诉前程序22件。

四是加强业务指导建设。强化市检察院对全市公益诉讼工作的统筹指导，建立上下一体、三级联动的办案机制，通过案件专办、交办、督办等方式加强突出、典型案件的办理工作，针对垃圾倾倒等案件成立市检察院、市检察分院和基层检察院共同组成的专案组，市检察院检察官直接参与办案，加强业务指导。同时，加强办案规范化建设，规范诉前审查报告、检察建议等主要文书，并开发业务软件，将公益诉讼办案纳入案件统一管理系统。

五是建立长三角区域生态环境保护司法协作机制。2018年5月17日至18日，沪苏浙皖检察机关在安徽召开检察长座谈会，围绕"长三角区域生态环境保护司法协作机制构建"主题，共商生态一体化发展"检察方案"。沪苏浙皖检察机关共同签署了《关于建立长三角区域生态环境保护司法协作机制的意见》，并就打造生态检察、提起公益诉讼、打击长江流域污染环境犯罪、构建生态环境司法协作机制等工作进行了座谈，分享了经验，就目前开展长江流域生态司法保护工作中存在的问题、面临的困难交流了意见，提出了对策建议，深化了四地检察机关开展司法协作、共同服务保障长三角区域更高质量一体化发展的共识。

六是加强人才队伍建设。与华东政法大学共同设立检察公益诉讼研究中心，聘请国内知名的行政法、民商法专家担任顾问，组成了一支52人的研究员团队，通过举办研讨会等方式，加强公益诉讼理论研究，密切检察官与专家学者的互动交流，为公益诉讼工作开展提供智力支持。2017年以来，多次举办专题研讨会、公益诉讼知识竞赛，在核心期刊上发表论文多篇，对检察干警进行公益诉讼业务培训，还申报了国家社科重点项目。同时，注重加强实战练兵，围绕线索发现、调查核实、固定证据、出庭应诉等核心能力，加强有针对性的培训、锻炼，努力打造一支业务精良的专业化人才队伍。

七是加强信息化建设。在全面开展公益诉讼工作的同时，同步启动公益诉讼信息化建设，积极探索运用现代科学技术为公益诉讼工作提供服务支持的方法，如浦东新区检察院研发了"公益行政检察监督信息交互平台"，徐汇区检察院研发了"公益诉讼案源挖掘智能辅审系统"，在将智慧检务融入公益诉讼方面迈出重要一步。

二、检察公益诉讼存在的主要问题

（一）受案范围过窄，案件来源单一

目前，公益诉讼明确的受案范围集中在四个领域（生态环境和资源保护、国有资产保护、国有土地使用权出让、食品药品安全），最近出台的英雄烈士保护法又增加了一个新领域。民事、行政公益诉讼受案范围比较狭窄，造成中心城区的检察机关开展公益诉讼难度很大。而另外一些涉及公共利益的重要领域，如大数据安全、城市公共安全、历史文物保护等领域却因为法无明文规定，检察机关无法发挥保护公益的作用。目前，上海检察机关公益诉讼案件线索80%左右来源于刑事案件，且有质量的线索不多。由于本市探索实施生态环境和资源保护、食品药品安全案件的集中管辖，因此，各区检察院未来从刑事案件中获取公益诉讼线索的难度较大。行政执法信息尚未充分共享，"两法衔接"平台信息不全、更新不及时的问题，使得线索发现功能事实上难以实现。

（二）调查手段匮乏，监督刚性不足

目前，法律和司法解释对于检察机关在公益诉讼中的调查权只是作了原则性的规定。司法解释中虽有涉及，但只是规定"检察机关调查取证时有关机关和个人应当配合"，但却没有规定不配合的法律后果，调查权的行使实际上没有得到保障。

（三）评估鉴定困难，资金缺乏保障

有些环境损害鉴定评估不及时，导致后续无法再进行评估。鉴定周期较长，鉴定费用较高

等，影响了办案单位鉴定评估的积极性。据上海某区检察院反映：污染环境案件归口管辖前，鉴于该区财政有限的客观情况，该区法院对市环境科学研究院出具的环境损害初步评估报告（评估费用6万元/件）予以认可；案件归口管辖后，铁路运输法院审理案件需要正式的环境损害技术鉴定意见，但正式鉴定意见的鉴定时间较长（1—4个月）、鉴定费用高昂（鉴定费用约30—50万元/件）。相关执法机关对此费用不堪重负，由此可能造成公益受损结果和程度无法准确评估，制约了对生态环境和资源保护的力度与成效。

（四）生态保护不够，整体协作不强

上海属长三角地区，因长江流域的特殊性，其生态系统是不可分割的一个整体，环境污染容易导致跨行政区划甚至跨省际污染案件。当前，长江流域管理涉及海事、交通、公安、水利、环保等多个部门，出现条块分割、部门分割现象。监管权限交叉、管辖权限交织，对区域生态环境保护缺乏统筹、有效的信息共享机制和平台，造成联合执法效率不高，碎片化管理问题较为突出。不少跨省市环境污染案件，涉及的法律监督工作点多、线长、面广，共抓大保护的协作机制障碍尚未有效破除，暴露出区域司法协作的短板。跨行政区划、跨省环境污染案件一般超出了地方协调能力范围，没有国家和省级层面统一协调，案件办理难度大，调查取证的协作力度有待进一步加强。

（五）民行队伍力量薄弱

本领恐慌、人才短缺、后劲不足，是制约检察公益诉讼工作的突出短板。检察机关缺少一批既精通法律业务又熟悉公益诉讼领域专业知识的检察官。检察公益诉讼队伍的专业能力、理论研究水平亟待提升，检察官办公室等核心团队建设有待进一步加快。由于缺乏专业知识的积累、实践经验的锤炼，工作中难以做到精准精细监督，无法有效破解线索发现难、取证难、鉴定难、执行难等一系列瓶颈问题。

三、解决问题的对策建议

（一）拓展公益诉讼的受案范围和案源渠道

建议从立法与司法方面，明确扩大公益诉讼的受案范围。把人民群众关心的一些公益问题，如公民个人信息和公共数据安全、单用途预付费卡、共享单车管理等，作为对受案范围的"等"外理解。通过设立公益诉讼热线与举报中心，实施举报奖励，建立公益诉讼观察员制度，以及开发"随手拍公益"软件等，加强公益诉讼宣传，拓宽线索来源。完善和充实"两法"衔接平台，与环保局、消保委、新闻媒体、市民热线、舆情监控系统等建立信息共享平台，加强案件线索移送和信息共享。建议由最高检统一归口发布公益诉讼案例，扩大公益诉讼的群众基础和影响力。

（二）完善公益诉讼调查核实权和诉讼方式

为确保监督的权威性，应赋予检察机关调查取证上的强制权。建议在人民检察院组织法等法律修改的过程中，明确检察机关在公益诉讼工作中的调查权，对妨碍调查的行为进行规制，对不配合的单位或者个人规定应当承担的责任以及其他解决方法。建议改良现有的审判模式，组建新型的适应附带民事公益诉讼的审判组织、庭审模式；通过与法院建立公益诉讼证据保全

绿色通道，在法院初步审核案件情况、符合证据保全的法律规定情形下，尽可能简化公益诉讼证据保全操作流程，提高证据保全工作效率。赋予检察机关附带民事公益诉讼调解、和解权，调解、和解的方式包括赔偿的具体数额和履行方式，可以根据实际情况与刑事被告人进行协商，以实现最大限度恢复生态环境的公益诉讼价值；对于双方达成的调解或和解协议，法院应当进行合法性审查并予以公告，公告期满后制作协议书。积极探索在消费者公益诉讼中建立惩罚性赔偿机制，也可研究探索采取一些比诉前检察建议更加柔性的方法作为诉前程序的具体形式。

（三）设立公益诉讼专项鉴定资金和专家咨询库

建议由地方设立统一的环境损害等技术鉴定专项资金，实现专款专用，保障该类案件评估鉴定工作的顺利开展。同时，与鉴定机构达成长期合作意向，规范鉴定评估收费标准，推进鉴定评估工作更加便捷、高效。在省级层面成立公益诉讼领域专家咨询库，供办案专业咨询。需要鉴定的，应明确具有适格鉴定主体的名单。省级检察院制作鉴定机关名单以及相应联系方式，统一规范公益诉讼的鉴定问题。

（四）加强公益诉讼区域司法协作机制

探索建立长三角等省际办案协作、执法司法衔接机制，实现区域司法协作机制化、制度化。探索协商解决跨区域公益诉讼案件管辖机制，探索长三角检察机关公益诉讼一体化协作新机制，加强长三角等检察机关与环保行政执法机关的沟通协调，推动建立跨区域信息共享平台。

（五）加强公益诉讼专业化队伍建设

加强公益诉讼专业化办案组织建设，可研究在大部制改革的背景下，整合资源，组建独立的公益诉讼部，配备一定数量的入额检察官与检察官助理，按案件类别成立检察官办案组，对公益诉讼案件开展专人专组线索梳理、调查取证及提起刑事附带民事公益诉讼等工作，提升集体办案能力，不断提升公益诉讼的能力和水平。探索构建"三诉合一"（刑事公诉、民事公诉、行政公诉）的公诉模式，赋予检察官灵活适用法律工具进行调整的权力，以达到最优追责与公益救济的平衡，避免对同一个行为重复地进行社会评价。加强公益诉讼专业能力建设，重点加强生态环境保护等实务问题研究、实战技能轮训和专业骨干培养。通过实践办案的锻炼，进一步突出检察官主体地位，力争培养一批敢监督、会取证、善庭审的专业化、精英化民行检察官。

牢牢把握"公益"核心 推动公益诉讼工作

张尚震*

自检察机关提起公益诉讼制度全面实施以来，河北省邯郸市两级检察机关认真落实中央和上级检察院的部署要求，紧紧围绕发展大局，牢牢把握"公益"核心，紧盯生态环境和资源保护、食品药品安全、国有资产保护、国有土地使用权出让等领域行政违法行为或不作为，积极探索，扎实推进，实现了诉前程序案件的全覆盖，并顺利将一批公益诉讼案件起诉到法院，有力促进了依法行政，切实维护了国家利益和社会公共利益。

一、提高认识，健全公益诉讼新机制

针对检察机关提起公益诉讼这项新的监督工作，邯郸市检察院党组高度重视，积极组织干警认真学习、深刻领会中央决策部署和立法精神，把思想统一到"检察官作为公共利益的代表，肩负着重要责任""检察机关是保护国家利益和社会公共利益的一支重要力量"这一高度，从经济社会发展大局出发，切实增强开展公益诉讼工作的责任感、使命感和紧迫感。一是成立了以检察长为组长的公益诉讼工作领导小组，制定下发了《全面开展公益诉讼工作实施方案》，主动向党委、人大汇报公益诉讼工作，与党委、政府积极沟通，争取党委、政府支持检察机关的公益诉讼工作，争取人大对公益诉讼工作的关心、支持和保障。目前，全市大多数检察机关的公益诉讼工作均已获得党委、政府的文件支持。二是创新工作机制，注重与相关行政机关的沟通协调，凝聚各方共识，构建公益保护合力。实践中，就案件线索的发现、移送、信息共享、技术咨询等问题与行政机关建立协作机制，推动检察监督与行政执法、行政监察的有效衔接，对公益诉讼工作的开展起到了积极的推动作用。

二、突出办案，打出公益诉讼组合拳

开展公益诉讼，邯郸市两级检察机关始终把办案放在第一位，自我加压，主动作为。2017年就完成了消灭"立案空白"的任务，实现了公益诉讼诉前程序全覆盖。2018

---

* 河北省邯郸市人民检察院检察长。

年，工作力度不减，持续推动公益诉讼工作的全面、深入开展。截止到 2018 年 6 月 1 日，共摸排公益诉讼案件线索 120 件，立案 78 件，办理公益诉讼诉前程序案件 71 件。通过诉前程序，挽回被损毁国有林地 121.3 亩，复垦被非法改变用途和占用的耕地 29.97 亩（其中基本农田 9.73 亩），峰峰矿区检察院办理的督促区国土部门恢复被粉煤灰占用的基本农田案受到最高检的充分肯定；督促关停和整治违法排放废气和其他空气污染物企业 200 家，清除、处理违法堆放的各类生活垃圾 10 吨、生产类固体废物 14.46 吨、危险废液 197.52 吨；督促收回被欠缴的城镇国有土地使用权出让金 50 万元；督促查处销售假冒伪劣食品 0.8 吨。此外，在食品药品领域，监督食品药品监督管理部门依法履行监管职责，严格监管商家销售行为，保护社会公共利益，确保人民群众"舌尖上的安全"。

在通过诉前程序办理案件的同时，全市检察机关及时向法院提起诉讼，全面打出公益诉讼组合拳。目前，有 2 件国有土地使用权出让领域的行政公益诉讼案件已诉至法院；两个基层检察院办理的生态环境和资源保护领域的刑事附带民事公益诉讼案均进入庭前准备阶段；另有 4 件拟提起刑事附带民事公益诉讼案件正等待上级批复。通过提起诉讼，真正增强了公益诉讼的刚性，有力维护了国家利益和社会公共利益。

三、实践创新，开辟公益诉讼新天地

在推进公益诉讼工作中，邯郸市检察院多次到各基层院进行调研，通过召开推进会、调度会，加强组织、合力推进，鼓励并引导各基层院积极探索和尝试方便群众提供案件线索、扩大办理公益诉讼案件影响力的方式方法。2018 年 3 月，市检察院指导复兴区检察院成立了公益诉讼案件举报中心，专门负责公益诉讼案件的咨询、受理、处理及信息服务等。举报中心设有专门举报大厅，由 2 名检察官负责日常工作，向社会公布举报电话和电子邮箱，还利用微信公众号、微博、"今日头条"客户端等新媒体平台，为公众提供公益诉讼线索提供便利服务；同时，还赋予举报中心公益诉讼案件督办职能，对于公众未向负有监督管理职责的行政机关反映情况而直接向公益诉讼案件举报中心举报的案件，举报中心将案件线索移交相关行政机关后，对其履责情况进行全程跟踪、监督。

四、充实队伍，筑牢公益诉讼的根基

做好公益诉讼工作，人才是基础，素质是关键。一是进一步加强学习，深刻认识新形势下开展公益诉讼工作的重大意义，要求大家站在服务法治国家、法治政府、法治社会一体化建设的战略高度，牢固树立新发展理念，为维护好国家和公共利益提供有力的法制保障。二是合理配置公益诉讼人员。邯郸市检察院由 3 名政治强、业务精的检察官组成公益诉讼办案组，负责指导、办理案件；要求基层检察院配备 2 名以上检察官负责公益诉讼工作。三是强化队伍素质建设，积极参加上级院的业务培训，定期开展公益诉讼讲座，采取"走出去、请进来"的方式学习借鉴先进检察院的经验做法，及时为一线办案人员充电。

探索"四个保障"推进公益诉讼工作健康发展

郭国谦★

河南省信阳市检察机关积极探索公益诉讼工作的方式方法，全面深入了解人民群众的法治新需求，努力从供给侧为人民群众提供更优质的检察产品，确保公益诉讼制度得到更好落实，成为检察机关履行法律监督职能、维护国家利益和社会公共利益的崭新利剑。

一、把公益诉讼摆在重要位置，为履行职能提供思想认识保障

提高思想认识，加大办理力度，增强开展公益诉讼工作的使命感和责任感。一是要求基层院检察长把公益诉讼工作作为"一把手工程"，把公益诉讼及其诉前程序作为提升检察形象和权威的着力点和重要抓手，维护好国家利益和社会公共利益，为地方经济建设和社会发展大局保驾护航。二是把民事行政检察工作作为和公诉工作同等重要的核心业务，配齐配强民行部门力量，充实人员，增加编制，提高待遇。三是把公益诉讼工作列入主要考核指标内容。加大考核分值权重，促使基层检察院高度重视公益诉讼工作，勇于担当、积累经验、把握规律，切实维护宪法和法律的权威，保障法律统一正确实施。目前全市专门从事公益诉讼工作的员额检察官已经达到26人，超过批捕部门检察官的数量，接近公诉检察官的数量。

二、准确把握公益诉讼的有关法律问题，为履行职能提供法律适用保障

公益诉讼工作在开展过程中会遇到很多法律方面的实体和程序问题，对此必须在实践中不断深化认识，加以解决。一是注重发挥诉前程序的重要作用。检察机关在办理行政公益诉讼案件时，应当把促进行政机关依法履职作为追求，尽可能在诉前程序中解决问题，防止为诉讼而诉讼的现象发生，防止检察机关和行政机关处于对立冲突的状态。检察机关在发现因为行政机关的不作为、慢作为、乱作为等导致公共利益遭受损害时，应当首先依法督促行政机关纠正违法行为，只有在行政机关对监督意见软磨硬推，对存在问题拒不纠正的，才提起行政公益诉讼。二是在提起民事公益诉讼和行政公益诉讼之间作出准

★ 河南省信阳市人民检察院检察长。

确选择。在具体公共利益遭受损害的案件发生时，往往既有行政机关的失职行为，又有企业或个人的违法犯罪或者侵权行为存在，这就要在提起行政公益诉讼和民事公益诉讼中作出选择。一般情况下，因行政机关不作为等失职行为引起的环境污染、食品药品不安全、国有资产流失等公益损害问题，首先要以提起行政公益诉讼为原则。检察机关必须启动诉前程序，以检察建议或者纠正违法通知书等形式要求行政机关依法履职。如果在行政机关积极履职后，有关受损或者处于危险状态的公共利益得以恢复，就此终结公益诉讼案件。部分民事公益诉讼案件难以取证甚至无法取证，比如有些案件中，检察人员进入造成污染企业的生产厂房等地取证，会受到经营者的阻拦。若违法企业的行为尚不构成犯罪，则可以由行政机关促使其纠正侵权行为；若构成犯罪，则由公安机关自行发现立案侦查或者由检察机关发现线索移交公安机关调取证据，对因犯罪行为造成公共利益损害的有关单位和个人，在提起刑事公诉的同时附带提起民事公益诉讼。对刑事公诉案件中已经收集的被告人破坏公共利益的各类证据可一并审查，以便提起附带民事公益诉讼。此类刑事附带民事公益诉讼案件又可以采取两种办法进行起诉：一种是在公益诉讼部分的事实和证据较为简单清晰的情况下，由公诉人直接对民事公益诉讼案件中的证据进行示证质证辩论；另一种是在公益诉讼部分的事实复杂、证据较多的情况下，由民行检察官作为公益诉讼人与公诉人一道参加庭审。三是在实践中不断拓展公益诉讼工作覆盖领域。民事诉讼法和行政诉讼法修改虽然确立了公益诉讼制度，但是限定在环境资源、食品药品安全、国有资产流失、国有土地使用权转让等少数领域，随着检察机关提起公益诉讼功能的不断增强，影响的不断扩大，公共利益的涵盖范围也将不断扩展。比如 2018 年 5 月 1 日起实施的英雄烈士保护法第二十五条就确立了检察机关对侵害英雄烈士的姓名、肖像、名誉、荣誉，损害社会公共利益的行为提起公益诉讼的基本制度。再如在扶贫领域，凡是因单位或个人的贪腐渎职行为造成各类国家补贴等国有资金流失的，纪委监察委应追究其刑事或者党政纪律责任，检察机关也可以就公共利益的损失问题提起公益诉讼。

三、争取各方支持凝聚改革共识，为履行职能提供外部环境保障

检察机关开展公益诉讼工作必须依靠党的坚强领导和各方面的支持配合，形成外部监督合力。一是积极向党委、人大汇报公益诉讼工作开展情况。争取党委、人大对检察机关提起公益诉讼工作的支持和保障，将提起公益诉讼制度纳入本地全面深化改革领导小组议事日程，推动当地党委、人大以规范性文件的形式支持检察机关提起公益诉讼，进一步增强公益诉讼的权威。二是争取行政机关的支持配合。加强与政府沟通，争取政府在调查取证、专家咨询、环境监测、鉴定评估、大数据平台建设等方面提供"人财物"保障，积极落实检察建议内容；与行政机关建立信息共享平台、建立线索移送机制，促进行政执法与检察监督有效衔接。三是加强与监察委、法院的沟通衔接。积极同监察委构建违纪线索、公益诉讼线索双向移送机制，积极同法院就公益诉讼案件受理、审理程序等问题达成一致意见，完善诉讼机制，提高司法效率。四是探索建立专业领域的多地联合监督检查机制。为加强淮河流域生态修复，联合河南省11个市级检察机关，倡导构建了淮河流域（河南段）生态保护战略机制，守土有责、协同作战，共同发力，为淮河流域生态文明建设提供坚强的司法保障。

四、完善办案机制提高办案质效，为履行职能提供内部机制保障

整合检察机关各级各部门办案资源，构建内部协作一体化法律监督机制，增强内部监督合力。一是建立公益诉讼调查指挥中心，加强对全市检察机关公益诉讼工作的组织领导。信阳市院成立公益诉讼调查指挥中心，由检察长担任中心主任，负责组织、协调、指导全市范围内各县区检察院提起公益诉讼及其相关事项，整合办案资源和力量，充分发挥检察一体化优势；同时加强上级院对下级院的组织领导和工作指导，及时有效解决基层院在办案中遇到的问题，帮助排除阻力和干扰，推动全市公益诉讼工作全面、科学、均衡开展。二是建立专业咨询和技术辅助取证工作机制，提升公益诉讼案件调查取证的能力水平。建立公益诉讼专家咨询委员会，聘请环境资源保护、食品药品安全、国有资产、土地等领域专家学者，组建咨询机构，为公益诉讼工作提供智力支持；成立由技术信息部门组成的公益诉讼技术辅助团队，购置无人机等专业设备，并与专业测绘公司签订战略合作协议，用于环境污染、土地规划等方面的专业调查取证，提高办案效率和水平。三是建立内部办案衔接协作机制。牢牢抓住"公益"核心，围绕工作重点，建立一体化的办案衔接协作机制。检察机关各部门发现公益受损问题时，要及时向民行检察部门移送案件线索；在办理刑事案件中发现侵害公共利益需要提起公益诉讼的，要邀请民行检察部门参与案件附带民事公益诉讼部分的办理工作。

因应开发区行政体制特点精准开展公益诉讼

徐蔚敏*

近年来，经济技术开发区检察院的数量不断增多，已成为全国基层检察院的重要组成部分，仅江苏省内开发区检察院的数量已占全省基层检察院的十分之一。开发区检察院在履行行政公益诉讼职能中，不仅面临着基层院的共性瓶颈，还因受到开发区特殊的行政体制影响而存在更多的难点。只有坚持问题导向，有的放矢，行政公益诉讼才能得以有效开展，并实现共赢多赢。

一、开发区行政管理体制的特点

国家级经济开发区管委会绝大多数属市级人民政府的派出机构，属于"受委托的组织"，不是法律意义上的一级政府。开发区内的行政机关通常分为两类，一类是市政府组成部门如国土、环保、规划等在开发区设立的分局，自身不具有行政执法的主体资格，一般以市局名义行使执法权，这类机关在开发区为数不多；另一类是开发区管委会内设机构，如住房和城乡建设局、人力资源和社会保障局、社会事业局、综合行政执法局等，通常仅能行使部分行政审批权力，无权实施行政处罚、行政强制、行政征收等具体行政行为，但在日常工作中通过委托授权等方式事实上承担着一定的规费收缴和行政处罚等职能，职权与市级部门常有交叉。

受组织编制的影响，上述两类机构人员普遍较少，执法力量薄弱。尤其是区管委会的内设机构，通常采用大部制模式，一个行政单位对应多个市级部门，承担多个领域的行政职能。如淮安经济技术开发区社会事业局承担着民政、教育、文化新闻出版、计生卫生、农业水利、食品药品监管6项职能，全面深入履职的困难较大。

二、特殊体制对行政公益诉讼的影响

开发区内行政单位履职不充分，为检察机关开展行政公益诉讼工作提供了广阔空间，但同时带来了三个方面的挑战。一是行政公益诉讼的被告难以确定。开发区行政单位执法权属不清晰，通常以市级部门名义开展行政执法，行政复议和行政诉讼等执法风险由市级部门承担，而行政

★ 江苏省淮安经济技术开发区人民检察院检察长。

处罚和行政征收等费用又多归入开发区财政，受益在地方，由此导致市区两级机关在责任承担方面常常互相推诿。二是线索渠道较窄。由于开发区内行政机关不具有独立履职资格，执法档案均在上级机关保管，而上级机关在"两法衔接"平台中往往又不录入开发区的执法信息；同时，开发区检察院成立时间较短，社会知晓度不高，群众就行政不作为、乱作为向检察机关举报或申请监督的不多。三是诉前程序中推动行政单位履职难度大。行政单位人员少，执法取证的能力和意识都有待提高，对于履行诉前检察建议内容往往力不从心。

三、开展行政公益诉讼的对策建议

第一，明确"权责统一"的监督思路。对于行政执法权属不明确的情况，检察机关可将日常实际行使相关行政权力的单位优先作为诉讼对象，直接推动行政履职，解决公益保护问题；对于一贯以市级部门名义履行行政职能的，以市级部门作为诉讼对象。如淮安开发区检察院在办理督促追缴区人防易地建设费行政公益诉讼案中，虽然开发区住建局无行政征收权，但日常工作中一直承担规费收缴的职能，所以将其作为诉讼对象予以立案，在诉前阶段成功督促追缴619万元。

第二，上中下延伸拓展案源渠道。在做好舆情热点转化、加强律师联系走访等常规方法之外，着重打通案源的"上中下"渠道。"上"指区内行政单位的市级主管部门。通过市检察院的组织协调，常态走访联络市级行政主管部门，获取其向开发区交办的行政案件线索，跟进监督整改情况，如整改不力可适时提起行政公益诉讼。"中"指建立区内"两法衔接"信息平台，要求区内行政机关将区内发生的行政执法信息一律录入平台，主动接受监督；检察机关内部业务部门之间建立公益诉讼线索发现移送机制。"下"指通过安排青年干警到村镇挂职，广泛走访基层群众，了解当地民生的关注点，寻找工作切入点；同时，建立公益诉讼线索举报和奖励机制，鼓励社会公众主动发现、踊跃提供线索。运用大数据手段，建立公益诉讼线索库，高效研判案件线索，服务办案工作。

第三，加强与行政单位的联动协作。一是在制度层面上建立常态化联动机制，定期召开联席会议，及时共享诉前检察建议办理进展及其他重要执法工作情况；在重点案件的关键节点适度介入，通过列席政府办公会、监督现场执法等方式推动依法履职；定期对行政执法人员开展培训，规范行政执法行为，提升依法行政能力。二是注重内部挖潜，配强公益诉讼办案力量，组建一体化办案组织，完善涵盖线索收集、立案调查、诉前建议、提起公诉、监督执行全流程的办案模式；加强实战练兵，通过外出考察、案件实训、集中学习研讨等方式提升实战素能，更好地推动行政单位履职。

第四，开展类案监督力争"共赢"。紧密结合开发区中心工作开展专项行动，每年选取1—2个重点领域开展类案监督，梳理案件高发环节，制定类案调查方案，提高办案效率。将诉前类案检察建议作为抓手，以点带面，向行政单位指出共性问题，督促其主动制定排查整改计划，持续监督推动落实，争取把公益保护问题解决在诉前阶段。如淮安开发区检察院在办理督促追缴辖区内建筑垃圾处置费行政公益诉讼案中，向行政主管单位发出了类案检察建议，以一个项目为样本开展剖析，督促行政机关排查区内存在漏缴情形的其他14个建筑项目，发现千万元漏缴线索，督促追缴600余万元，实现了行政单位、检察机关和社会公共利益多方"共赢"。

科学构建行政公益诉讼监督大格局

孙　刚★

自检察机关全面开展公益诉讼工作以来，辽宁省丹东市检察院积极采取措施，实现公益诉讼立案全覆盖。笔者结合工作实践中遇到的问题，对构建检察机关公益诉讼监督大格局进行初步探讨。

一、行政公益诉讼工作中的问题

自行政公益诉讼工作开展以来，丹东市检察院共立案79件，发出诉前检察建议63件。但实践中遇到诸多问题，主要表现在以下几个方面。

一是一些行政机关存在一定抵触情绪。长期以来，检察机关的法律监督主要体现在刑事、民事法律监督方面，而对行政机关的监督相对弱化。从本院开展公益诉讼工作情况看，个别行政机关担心提起诉讼会影响政府形象，对行政公益诉讼工作不理解、不接受甚至是不配合。

二是案件线索来源相对单一。行政公益诉讼线索大多来源于刑事案件，即便有些案件线索来源于检察机关的其他履职过程，也缺乏系统性，没有形成科学有效的案件线索发现机制。

三是案件办理易受干扰。行政机关相关行政行为要受地方政府的领导、指挥和支配，这使得检察机关在进行法律监督的时候，会不同程度地受到政府方面的影响和干预。

四是司法与行政执法的衔接机制流于形式。刑事司法与行政执法的衔接机制虽已构建，但实践中流于形式，案件信息不全、更新不及时，操作性不强。

五是需进一步加强与法院的沟通。检察机关提起公益诉讼制度处于起步阶段，法院对于相关公益诉讼案件的审理也仍在探索阶段，因此法检两院仍需加强沟通和配合。

六是人员素质亟待提高。公益诉讼工作不仅涉及宏观而综合的法律知识，而且需要有精细化的诉讼实务经验。但目前公益诉讼工作人员在办案思维、知识储备等方面还不能完全适应公益诉讼工作的新要求，各项能力素质有待

★ 辽宁省丹东市人民检察院检察长。

进一步提高。

二、科学构建检察机关行政公益诉讼监督大格局

检察机关提起公益诉讼，不仅解决了社会公益由谁来保护的问题，同时对于推进依法行政有着重要的意义。但公益诉讼工作是一项"牵一发、动全身"的工作，不可能靠一个部门、一个机关就能完成。因此检察机关不能仅靠一己之力，唱独角戏，而要善于"内部聚力""外部借力"，建立上下一体、内部协作、外部联动的公益诉讼工作格局。

（一）加强内部协作，构建行政公益诉讼"一体化"工作机制

1."横向一体化"。公益诉讼的案件线索要在履行职责的过程中发现，而"履行职责"包括履行批准逮捕、审查起诉、控告检察、诉讼监督、公益诉讼等职责。以丹东市检察院为例，在已立案的行政公益诉讼案件中，有95%的案件来源于内部部门的移送，但线索主要来自公诉部门和控申部门，其他部门相对较少。随着公益诉讼工作力度加大，应建立和完善公益诉讼线索发现和移送机制，加强与侦监、公诉、刑执、控申等部门的协作配合，确保不遗漏一件有价值的线索。

2."纵向一体化"。通过实行上下一体化工作机制，实现"监督到底"的工作目标。丹东市检察院在具体制度上采取一体化办案模式，整合基层检察院办案资源，采取联办、交办、参办、帮办、督办等形式，上下联动，形成合力；同时对全地区的公益诉讼线索进行评估，以"小专项"的形式形成全地区一体化的办案模式，开展了"校园及周边食品安全公益诉讼"和"英烈保护公益诉讼"两个专项行动，两个专项行动均由丹东市检察院先进行线索摸排、科学评估，以专项的方式下发方案，各基层院在所辖区域分别立案。通过上述方式已立案10件，向行政机关发出诉前检察建议8件，已收到整改回复5件。

（二）注重外部联络，构建行政公益诉讼执法联动机制

行政公益诉讼工作不是简单的为了监督而监督，而是要通过法律监督，帮助行政机关积极纠错和履职，解决问题、补齐短板，共同维护国家利益和社会公共利益。因此要秉承监督就是支持的理念，坚持在监督中体现支持、在支持中体现监督的原则，赢得行政机关的积极配合与协作，从而消除办案阻力，实现共赢双赢多赢的效果。

1.建立监督者与被监督者的良性、积极关系。一般而言，大多数人对"监督"存在抵触情绪，从事监督工作往往不被"待见"。在这样的情况下，检察机关更要主动作为，及时向党委人大汇报工作，争取党委人大支持，构建行政公益诉讼支持保障机制；同时加强与行政机关的沟通，努力让行政机关理解、接受法律监督，形成法治建设合力。

2.加强司法与行政执法的有机衔接。丹东市检察院主要通过与市食品药品监督管理局、环保局、市政府法制办等部门分别会签《关于开展公益诉讼工作加强协作的实施意见》等形式，健全以信息通报、联席会议、介入调查、案件移送为主要内容的衔接制度；同时探索建立执法联动机制，与行政机关联合检查、联合勘查，通过支持行政执法，督促规范行政行为，切实纠正不作为、乱作为等突出问题，推进行政机关建立长效工作机制，维护行政执法权威。

三、建立健全行政公益诉讼配套机制的思路和设想

（一）倡议成立生态环境公益保护协会

2018年5月，全国生态环境保护大会召开，明确提出要全党全社会一起动手，推动我国生态文明建设迈上新台阶。当前，我国负有生态环境保护职责的机关在权责范围上有交叉、有重合、亦有空白。笔者认为，可以由党委和政府牵头组织成立生态环境公益保护协会，将相关行政机关及公安机关、检察院、法院、律师、环境保护公益组织等纳入协会，各司其责、相互协调，共同做好生态环境资源领域公益保护。

（二）建议建立"公益诉讼基金"专项账户

检察机关提起公益诉讼将涉及生态修复赔偿金、惩罚性赔偿金等公益赔偿金，但赔偿金归属于国家的哪一个部门，如何进行管理和使用等问题亟须明确和规范。笔者认为应及早建立"公益诉讼基金"专项账户，明确基金的保管部门和管理使用规定，及时为公益诉讼工作提供配套服务。

（三）探索建立行政公益诉讼善后处置及跟踪监督机制

在行政公益诉讼判决履行阶段，如何发挥检察机关的监督职能，确保判决顺利履行，也是一项亟须思考的重要课题。法院作出公益诉讼裁判，公益诉讼仅仅完成了一半，还有一半在于善后处置和执行，例如需要长期进行环境修复、生态管护、定期察访等。因此，在确定检察机关执行监督权的前提下，应当探索建立相关善后处置及跟踪监督机制，比如规定行政机关要定期向检察机关报送判决履行情况，检察机关认为行政机关不履行判决或不当履行判决的，应当继续向其发出检察建议，促使行政机关及相关部门改进工作。在必要时，检察机关可以提出追责建议，追究相关行政管理人员及其他责任人员的法律责任等，从而进一步发挥检察机关在履行职责中监督行政权和维护公共利益的职能作用。

（四）建议制定公益诉讼鉴定条例

在确定公益诉讼鉴定机构、统一鉴定管理制度的基础上，制定规范性文件，进一步建立公益诉讼鉴定人资质制度，规范鉴定费用收取标准，以克服重复鉴定、鉴定标准不统一等问题。

打牢基础做好基层检察机关公益诉讼工作

赵志辉★

　　检察机关提起公益诉讼制度旨在充分发挥检察机关法律监督职能作用，促进依法行政、严格执法，维护宪法法律权威，维护社会公平正义，维护国家利益和社会公共利益。基层检察机关要坚持以办案为中心，找准切入点和着力点，全力攻坚克难，集中做好"四个保障"，推动公益诉讼工作协调、有序、规范发展。

一、加强基础保障

　　一是落实"一把手"工程。公益诉讼工作不仅是中国特色社会主义检察制度的重大创新，也是国家监察体制改革背景下基层检察工作的重要突破口和新的增长点。作为一项全新的系统性工作，公益诉讼的政治性、政策性、法律性和社会性都非常强，这就需要"一把手"切实提高思想认识，成立"一把手"任组长、相关职能部门负责人为成员的公益诉讼工作领导小组，准确处理好依法公正履职与审慎用权、依法监督与服务大局等方面的关系，确保公益诉讼工作行稳致远。二是争取党委、政府和人大的支持。检察机关要自觉把公益诉讼工作放在地方经济发展大局中谋划和推进，从更加有利于推进依法行政和法治政府建设角度出发，增强主动性，对于公益诉讼工作的重大部署、重点案件、重要举措及时向党委、政府和人大报告，争取党委、政府的支持和配合，主动接受监督，保持正确的工作方向，努力实现法律效果、政治效果和社会效果的有机统一。三是有效借助纪委、监察委力量，实现"借力打力"。监察委依法对公职人员履行监督、调查、处置职责。检察机关在办理行政公益诉讼案件中可以向纪委、监察委移送行政违法和职务犯罪案件线索，而纪委、监察委在查办违纪违法和职务犯罪案件中发现公益诉讼案件线索，也可以将其移送检察机关。四是更新办案硬件，提升信息化水平。为办案部门配齐诸如执法记录仪、便携式打印机、笔记本、照相机和摄像机等设备，必要时，还可以配备航拍无人机，方便检察官调查取证。

★ 天津市东丽区人民检察院检察长。

二、完善队伍保障

一是机构建设。从全国来看，部分地区检察机关单独设立了公益诉讼检察部或公益诉讼局，但绝大多数地区还是将公益诉讼职能赋予民行检察部门。由于公益诉讼作为一项新业务、新职能，不同于公诉、批捕等传统检察职能，因此，在司法责任制改革特别是内设机构改革过程中，应当设立单独的公益诉讼办案组织。公益诉讼案件的办案组织形式可以是检察官办案组，在员额检察官配备上也要适当倾斜。二是队伍建设。结合司法体制改革要求，以锻炼骨干、增加力量、优化结构、保障办案为原则，以打造一支懂民行、会调查、能公诉的公益诉讼专业队伍为目标，合理增加公益诉讼检察人员编制，选配具有较强调查取证和出庭应诉能力的检察官、司法辅助人员。

三、注重内部机制保障

一是树立检察工作"一盘棋"理念，深化内部沟通与协作配合机制。建立健全民行检察部门与公诉、侦监、控申、案管等部门之间的信息共享、线索移送、结果反馈等工作机制，形成以民行检察部门为主导、相关业务部门积极协作配合的公益诉讼工作格局，增强法律监督和公益保护合力。二是"一把手"带头亲自办理公益诉讼案件。"一把手"办理公益诉讼案件在一定程度上可以排除不必要的干预和阻力，为公益诉讼工作创造良好的环境条件。"一把手"要尽可能全程参与公益诉讼案件的线索收集、分析研判、调查取证和出庭支持公诉等各个环节，真正做到在一线办案。三是充分发挥检委会的集体智慧。《人民检察院提起公益诉讼试点工作实施办法》规定，对于重大疑难复杂的公益诉讼案件，检察长认为有必要的，可以提请检委会讨论决定。所以，要注重发挥检委会研究决定重大疑难复杂案件的作用，提高办案质量，增强办案效果。四是有效依托民行检察一体化办案机制。充分利用以省级院为龙头、分州市院为主体、基层院为基础的上下一体、协调联动的民行检察办案机制优势，及时向省级院汇报公益诉讼案件的办理进度以及办案过程中遇到的疑难问题，积极落实省级院民行检察部门对公益诉讼案件立案、提出检察建议或发布公告、提起诉讼三个环节的审查审批意见。五是强化调查研究，坚持公益诉讼理论与实践工作"两促进"。结合区域工作实际，深化对公益诉讼理论和实务问题的研究，认真分析总结工作中可能出现的重大问题，积极撰写有价值的理论文章，提出解决问题的有效对策和建议。

四、深化外部机制保障

一是建立行政执法协调机制。检察机关提起行政公益诉讼，旨在督促行政机关依法正确履行职责，及时解决公益受损的突出问题，而要实现保护公益"双赢多赢共赢"目标，检察机关一方面需要行政机关的支持与配合，加强与环保、国土资源、食药监等部门的协作配合，通过建立案件信息共享平台、重大情况通报制度，充分发挥各行政机关在公益保护领域的优势，另一方面则要加强对行政机关的监督制约，充分发挥诉前检察建议功能，推动行政机关主动履职纠错，主动保护公益，只有在行政机关拒不纠正违法行为，国家和社会公共利益仍处于受侵害状态时，检察机关才可以提起诉讼。二是加强与法院的沟通。就公益诉讼的实体、程序等方面的理论和实践问题与法院进行深入探讨，争取达成共识，就有关问题适时组织联合调研，条件成熟时联合出台有关公益诉讼的规范性指导文件。三是积极与高校、专业机构建立联系。在处理重大复杂疑难案件时，及时向高校、专业机构"问诊"，建立公益诉讼专家咨询制度，充分发挥其"专家智库"作用。四是稳妥适度地争取社会舆论支持。既要通过宣传工作来正确引导社会预期，营造推进公益诉讼工作的良好舆论环境，同时也要严格宣传纪律，把握宣传策略。

"四个着力"扎实推进公益诉讼创新发展

王林才★

自检察机关提起公益诉讼制度全面实施以来，江西省南昌经济技术开发区检察院（以下简称"开发区院"）积极研究部署公益诉讼工作，创新工作理念机制，不断强化法律监督，构建公益诉讼运行机制。

一是着力完善机构设置，成立公益诉讼案件办案组和指挥中心。一方面，将公益诉讼工作提升到特有的高度，坚持办案专业化原则，成立公益诉讼案件办案组，由诉讼监督部部长任组长，并针对公益诉讼工作专业性强、流程跨度长等特点，集中调配民事行政检察、侦查监督、公诉部门的业务骨干人才进入办案组，要求公益诉讼办案组成员在各工作条线上要绷紧公益诉讼这根弦，善于发现线索和发挥优势，真正提升公益诉讼工作的整体能力和水平。另一方面，把公益诉讼工作作为"一把手"工程抓早抓好，成立公益诉讼指挥中心，由检察长任总指挥，分管副检察长统一调度，配备6名员额检察官和2名检察官助理，重点研究提起公益诉讼的工作思路和发展方向，统筹推进公益诉讼案件的办理。

二是着力完善工作机制，打好内外组合拳。首先，着力完善线索机制，建立内设机构线索移送机制。由诉讼监督部统筹线索管理，其他部门发现公益诉讼线索的，及时向诉讼监督部移送；同时，诉讼监督部、刑事检察部、综合业务管理部每月召开一次联席会议，集中讨论研判刑事犯罪案件中涉及的公益受损问题，以此推动发现公益诉讼案件线索。其次，完善公益诉讼案件汇报会商联动机制。积极主动地向地方党委、人大汇报公益诉讼工作中的问题与成果，积极与区政府、法院及相关行政单位沟通协调公益诉讼案件办理情况，努力为公益诉讼工作的开展营造良好氛围。再次，建立行政执法与刑事司法衔接机制。联合行政机关开展食品药品、环境污染领域专项检查行动，由区综治办牵头，联合开展对行政执法行为的专项检查，促进行政机关依法行政，构建检察权与行政权良性互动的工作格局。

三是着力转变工作理念，转型发展、扩大宣传。公益诉讼工作不仅旨在维护好国家利益和社会公共利益，而且

★ 江西省南昌经济技术开发区人民检察院检察长。

要在促进依法行政方面有所作为。开发区院要求全体检察干警要提高站位、转变理念，在检察机关发展的历史潮流中肩负起保护公益的历史责任；在公益诉讼工作中要有"侦查"思维，善于发现与研判线索，善于调查取证，敢于监督、善于监督；要利用"民行检察与您零距离"专项宣传活动、"两微一端"新媒体平台、社区普法宣传等多种宣传方式，宣传好检察机关提起公益诉讼"好故事"，提高公益诉讼的影响力和知晓度。

四是着力把握好具体行政行为的属性。作为国家级经济开发区，南昌市经济技术开发区的行政机关履行的具体行政行为具有一定的特殊性，很多行政单位不能以自己的名义作出具体行政行为，所以行政公益诉讼中应重点把握好具体行政行为的属性。要明确具体行政机关的行政职权，根据"不越权、不逾位"的原则以及案件不同情况，准确聚焦行政职权，准确定位职权属性，准确运用监督手段，把握好行政公益诉讼的工作底线，在充分尊重行政权力自主性的前提下努力实现双赢多赢共赢局面。

通过上述举措，开发区院公益诉讼工作取得了良好效果，有效维护了国家利益和社会公共利益。如2017年11月，南昌市检察院在某专项会议中得到线索，南昌经济技术开发区某公司未足额缴纳国有土地出让金，遂将该线索移交开发区院。开发区院先行向开发区国土分局了解情况，初步确认该公司存在上述情况。经向南昌市检察院清示，以国有土地出让领域公益诉讼案立案，随后向开发区国土分局调取了其与涉案公司于2016年8月17日签订的《国有建设用地使用权出让合同》。该合同约定：宗地的国有建设用地使用权出让价款为人民币5405.481万元，合同签订之日起1个月内，受让人一次性付清国有建设用地使用权出让价款。同时，向南昌市财政局查明涉案公司已缴纳2690万元，尚有2715.481万元土地出让金未缴纳。经调查核实后，公益诉讼办案组认为应向开发区国土分局发出诉前检察建议，并及时向开发区工委、管委会进行了公益诉讼工作的专门汇报，区工委、管委会表示全力支持并要求行政机关要提高站位、创新理念、积极配合检察机关工作。2017年12月，开发区院依法向区国土分局发出诉前检察建议，建议其依法依约完全履行对国有土地使用权出让的监督管理职责，维护国家利益，保障国家利益不受侵害。检察建议发出后，开发区院积极跟进，多次与区国土分局沟通后续催缴工作。区国土分局积极向区管委会汇报了涉案企业欠缴情况及检察建议情况，区管委会高度重视，要求区招商局配合区国土分局，采取多种措施全面履行职责。2018年1月，涉案企业将欠缴的2715.481万元土地出让金尾款足额上缴。由此，欠缴土地出让金案件圆满解决。这是南昌市首例通过诉前检察建议收回国有土地出让金的公益诉讼案件，为国家挽回了巨额经济损失。

以此案为起点，开发区院向辖区国土部门、林业部门发出检察建议，督促其对矿山开采、土地使用、林地占用问题加强整治，督促辖区相关部门规范执法，联合开展对矿区的恢复治理，有效推动了辖区生态环境资源及国有财产的保护。

坚持问题导向　破解公益诉讼重点难点

郭建武*

检察机关提起公益诉讼制度，是贯彻落实党中央重大决策部署的重大举措，对于维护国家利益和社会公共利益、推动法治政府建设具有重大意义。

自 2015 年公益诉讼试点工作开展以来，福建省宁化县检察院共发现案件线索 50 余条，发出诉前检察建议 39 件，提起行政公益诉讼 2 件。笔者发现，检察公益诉讼工作中存在两个迫切需要解决的问题：一是公益诉讼案件线索发现难、渠道窄、线索转化不通畅。试点工作开展以来，该院排查的案件线索，多数是通过办案人员调阅环保、国土、林业等部门行政执法卷宗，进而摸排、梳理出重点案件线索的方式予以发现。在排查基础上，办案人员通过实地勘查、调查走访、证据固定等手段才能确定是否符合公益诉讼立案标准。但在调查过程中，往往存在行政机关配合不够积极，向涉案当事人、知情人取证困难等情况。二是专业人才和专项资源严重不足。公益诉讼是法律规定的对专门领域进行的监督，法律、法规、部门规章等具有专业性，证据具有专业性，鉴定、评估、审计等需要专业性人才，公共利益是否继续受损需要专业人员出具专业性意见。对于办案人员来说，在认定相关行政部门是否存在违法行为上存在一定难度。对此，笔者结合基层检察工作实际，着重提出两方面解决路径。

一、打破固化思维，积极搭建线索平台

一是关注新媒体，聚焦热点事件。随着微信、微博、贴吧等网络媒体平台影响力日益扩大，越来越多的社会热点事件在新媒体平台上曝光。许多被曝光的事件可能存在国家利益、社会公共利益受损的情形，可以通过行使公益诉讼权来维护受损的国家利益和社会公共利益。因此，检察机关可以安排专人收集相关案件线索，建立公益诉讼案件线索数据库，并及时对线索进行分流、处理。二是深挖职务犯罪案件、重大刑事案件背后的公益诉讼线索。党的十八大以来，国家反腐败工作力度日益加大，许多贪污腐败问题出现在项目审批、资金管理等重点环节和关键岗位上，腐败分子往往与相关利益人互相勾结，为谋取个人利

★ 福建省宁化县人民检察院检察长。

益而侵害国家利益和社会公共利益。比如，宁化县检察院办理的2起行政公益诉讼案件，案件线索就是在查办一起侵吞400余万元国家储备粮款的职务犯罪案件中发现的。因此，要建立与纪检监察机关、检察机关各内设机构的信息共享、线索移送等工作机制，深挖职务犯罪案件以及其他刑事案件背后的公益诉讼线索，维护国家和社会公共利益。三是建立联动机制，搭建协同推进公益诉讼平台。积极争取地方党委、人大、政府的支持，主动、及时向党委、人大报告公益诉讼工作，建立联席会议制度；主动走出去，建立与行政机关的信息共享平台、双向沟通协作工作机制、联合执法检查与常态化评查等工作机制，积极查找有价值的案件线索。四是充分发挥高科技作用。联合相关行政执法部门，运用遥感、无人机航拍、航空测绘等专业技术，加强对森林资源、水资源、国土资源的监控，及时发现损害公益的案件线索。五是设置奖励机制，倡导全民参与公益保护。为适应新情况新变化，建议对《人民检察院举报工作规定》加以修改或者制定专门的《公益诉讼案件线索举报奖励办法》，对提供公益诉讼有效线索的公民给予一定的物质奖励，鼓励社会公众积极参与公益保护，形成人人都是公益维护者的良好风气。

二、发挥"专业"优势，搭建"专业"平台

首先，发挥专业人才作用，建立公益诉讼专家库。公益诉讼涉及专业性问题较多，需要相关领域的专业人员提供专门性意见。为了提高办案质量与效率，建议按地区或者以全国划片的方式建立公益诉讼专家库，采取有关行业协会、主管部门推荐的方式，选聘相关领域专业人员作为专家库成员。对专家库成员实行聘用制，设置聘用期，根据检察机关的委托，为检察机关开展公益诉讼工作提供专业支持。其次，专款专用，建立公益诉讼基金账户。公益诉讼中的评估、鉴定、检测、审计等所需费用目前尚无具体文件予以明确和保障。建议建立公益诉讼基金账户，相关费用从基金账户统一支出，基金账户纳入地方财政预算，基金的使用须经过省级检察院及地方财政审批，同时以省为单位设立专门部门加大对基金账户的监督管理，确保依法、规范用款。再次，培养专业人才，建立公益诉讼检察部。公益诉讼作为一项全新的检察业务，涉及的主体广泛、内容多样、领域特定、法律法规专业。公益诉讼案件办理涵盖线索发现、证据收集与固定、出席法庭等多方面工作，对检察人员提出了更高的要求。建议基层检察院顺应顶层设计方向，设立公益诉讼检察部，将公益诉讼工作单列出来，建立高素质的公益诉讼检察队伍，专门负责公益诉讼工作。

交通肇事后"逃逸"行为的认定问题

【案例一】 积极施救，警察到达后离开现场是否"逃逸"

苏 洁*

一、基本案情

2017年8月，苏某在河南省某县公路上酒后无证驾驶小型汽车，与姚某杰驾驶的电动自行车相撞，将姚某杰和电动自行车乘坐人姚某亮撞入河中，造成姚某杰受伤、姚某亮死亡的交通事故。事故发生后，苏某跳入河中积极救助并打电话报警称有人落水，但没有告知有人落水系自己肇事所致。民警赶到后，苏某便离开了事故现场。事后，民警在苏某家中找到苏某，苏某对其肇事的事实供认不讳，且积极对被害人进行了赔偿。

二、分歧意见

第一种意见认为，"逃逸"是指行为人"为逃避法律追究而逃跑的行为"，苏某对自己的肇事行为进行了隐瞒，主观上具有逃避法律处罚的意图，后从肇事现场离开的行为符合"逃跑"的客观要求，因而应当认定其行为属于交通肇事罪的"逃逸"。

第二种意见认为，犯罪后为了逃避法律追究而对自己的行为进行隐瞒是"人之常情"，行为人在实施犯罪行为以后，都会对自己的行为从心理上予以否认并坚持自己行为的合理性，将交通肇事罪中的"逃逸"解释为"为逃避法律追究而逃跑"不具有刑法上的期待可能性，苏某对被害人尽到了救助义务，其行为不应当认定为"逃逸"行为。

三、分析意见

以上两种意见秉持的解释理念不同。第一种意见遵循了文义解释的思路，认为既然法律将"逃逸"行为规定为"为了逃避法律处罚而逃跑"，就应当从行为人的逃跑动机和行为上来认定"逃逸"；而第二种意见的出发点是目的解释，认为立法者惩罚逃逸行为主要是因为逃逸行为具有扩大法益侵害的可能性。笔者赞同第二种意见。

★ 河南省滑县人民检察院未检科检察官助理。

（一）"逃逸"的核心内涵在于逃避救助，而不在于逃避法律处罚

如果将逃逸解读为"逃避法律处罚"，那么未逃离现场的行为则不构成逃逸，从刑法意义上作出了评价，之后如果再认定该行为构成投案自首，就又进行了一次评价，涉嫌重复评价。另外，犯罪行为实施以后的抵触心理是普遍的人性反应，要求行为人在实施犯罪以后毫无逃避法律追究的抵触情绪，不具有刑法上的期待可能性。笔者认为，逃逸规定的立法目的是对被害人的救助义务，即为了防止行为人弃被害人于危险境地而不顾，从而在刑罚上加以控制，所以逃逸的核心内涵在于逃避了本应履行的救助义务。

（二）"逃逸"具有独立的行为性

"逃逸"本身是一种独立于肇事行为的行为，即存在肇事和逃逸两个实行行为，肇事行为是基本犯。按照刑法"无行为即无犯罪，无行为即无刑罚"的理论原则，如果行为人只是单纯地在现场并没有进行救助，虽然不否认这也是一种可能造成与逃逸一样危害后果的不作为行为，但它毕竟没有物理空间上的逃跑行为，因此便不能纳入"逃逸"的调整范围中。逃逸作为独立的实行行为，不仅要有逃跑的行为，而且要存在不作为的行为事实，若行为人积极作为，则不应认定为逃逸。

（三）"逃逸"的不作为性质

单单从逃逸的行为结构来看，其是一种积极的作为行为，那么逃逸行为实质上是作为行为还是不作为行为呢？如果说逃逸是作为行为，那么只要行为人具有为逃避法律追究而逃跑的行为，从理论上就可以认定为逃逸行为；如果将逃逸行为认定为不作为，只有造成了严重后果才能评价为犯罪行为，那么就应当判断行为人逃跑的行为是否造成了危害后果，这就意味着交通肇事后必须存在危害后果——比如需要救助的被害人。笔者认为，逃逸行为其实就是肇事行为之后对需要救助的被害人的遗弃，应当以不作为犯罪的标准予以衡量。行为人对自己先前肇事行为造成的结果负有法律上的救助义务，这并不是说行为人的逃逸行为另外构成遗弃罪，而是通过对行为是否构成遗弃的评价来认定"逃逸"。

【案例二】　　　未救助伤者而去交警队投案是否"逃逸"

胡宜振　王旭雯[*]

一、基本案情

2018年3月28日晚19时许，包某驾车在国道上行驶时，将行人王某和杨某撞倒。包某下车查看后发现两人躺在地上，后开车离开现场去交警队自首。附近村民听到声响后到现场查看并打电话报警抢救，杨某经抢救无效死亡。经交警部门认定，包某负事故的全部责任。

---

[*] 胡宜振，安徽省砀山县人民检察院法律政策研究室检察官；王旭雯，砀山县人民检察院检察官助理。

另查，包某于2017年6月29日曾因犯交通肇事罪，被判处有期徒刑两年，缓刑两年。

二、分歧意见

第一种意见认为，包某构成交通肇事罪，但没有逃逸行为。包某驾车离开现场之后就去交警队投案自首，主观上没有逃避法律追究的意图，不符合认定逃逸的法定要件。

第二种意见认为，包某下车查看后没有及时救治伤者，由于案发当时是夜晚19时且国道车流量大，王某和杨某极有可能遭受二次碾压，虽然附近村民及时报警抢救，但杨某还是经抢救无效死亡。所以，应当按"因逃逸致人死亡"对包某定罪处罚。

第三种意见认为，包某的行为应认定为刑法第一百三十三条的"交通肇事后逃逸"。包某曾有犯罪前科，理应清楚自己负有救助伤者的法定义务，但包某只是下车查看而并未救助，其"自首"行为并不能否定其交通肇事后应当履行的法定义务。

三、分析意见

笔者同意第三种意见，理由如下：

首先，是否"自动投案"不应成为考量交通肇事后是否"逃逸"的必要条件。刑法之所以仅在交通肇事罪中将"逃逸"规定为法定刑升格的情节，是因为：行为人的先前行为使他人生命处于危险状态，产生了作为义务，不履行作为义务的行为，当然能够成为法定刑升格的根据；同时，在交通肇事发生后，往往有需要救助的被害人，这样可以促使行为人积极救助被害人。所以应当将是否救助被害人（不作为）作为认定"逃逸"的核心要素。包某离开现场的自首行为是一种积极的作为，但自首行为并不能免除其在案发后救助被害人的义务，其主观上明显具有逃避救助义务及相关处罚的心态，符合"逃逸"的认定条件。

其次，成立交通肇事后"逃逸"须同时符合行为性和目的性的要求。最高法《关于审理交通肇事刑事案件具体应用法律若干问题的解释》（以下简称《解释》）第3条规定，交通肇事后"逃逸"是指行为人在发生交通肇事后，为逃避法律追究而逃跑的行为。本案中，包某下车查看后去投案，表面上看似没有逃逸，但认定"逃逸"，不仅要考量行为人的行为性，也要考察行为人的目的性。结合《解释》对主观方面的规定，"逃避法律追究"具体是指不履行相关法定义务，比如救助伤者、保护现场、及时报警、听候处理等。所以从行为人的目的性看，逃逸是为了逃避由交通肇事所引发的法定义务。结合本案，包某下车查看后离开现场去自首的行为具有明显的逃避救助义务的目的。

最后，认定"因逃逸致人死亡"应考察逃逸行为与死亡结果之间是否具有刑法意义上的因果关系。本案中，两名被害人均受伤晕倒，附近村民及过路人听到声音到现场查看后立即打电话报警抢救，这一系列挽救被害人生命的行为接续了行为人此前应当实施而没有实施的救助行为，即包某的逃跑行为没有中断其他人对被害人的救助。因而行为人的逃逸行为客观上对被害人的死亡结果没有产生实质影响，与被害人的死亡结果之间并无直接的因果关系。

□ 专家点评

交通肇事罪中"逃逸"行为认定分析

屈学武[*]

【对案例一的评析】

对本案，笔者原则上赞同第一种意见。即认为苏某肇事后虽然没有当即逃离现场，而是在实施一定救助之后再逃离现场的，但苏某依法仍构成刑法上的交通肇事逃逸，理当按刑法第一百三十三条关于逃逸的"情节加重犯"规定量刑。当然，对其肇事后没有当即逃离而先行救助被害人的行为，司法上或可将其判定为"酌定从轻"的量刑情节，在刑法第一百三十三条法定的情节加重犯的处断刑罚之内，判处较短的刑期。理由如下：

（一）交通肇事后当即报案且不逃逸，应属契合社会一般伦理道德底线的刑法规制，并不有悖"人之常情"

诚然，刑法既不是单纯的伦理刑法、刑法规范也非圣人规范而是常人规范。然而，显而易见的是：刑法通过否定性评价所倡导的行为规范，起码应当相洽于社会主倡的基本伦理道德底线。既而，有悖于社会基本伦理道德"底线"的作为，若为刑法所非难，不会也不至于普遍发生"守法期待不能"的问题。唯其如此，我国刑事立法上才对肇事后逃逸者另作了"情节加重犯"的特别规制，应当说，这一立法，实际表明了国家刑事法秩序对上述社会基本伦理道德底线的认可与支持。

实践中，应当说，交通肇事后不逃逸——这一契合社会伦理道德底线且符合国家刑事法秩序期许的做法，不仅已获发达国家公民的普遍认同；在国内，也为不少交通肇事者所遵循。由是，此一立法对于有其基本道德底线的常人而言，并不存在"守法期待不能"的问题。更何况，秉持上述第二种观点的论者，也完全误读了刑法学理上认可的期待可能性。

期待可能性又称守法期待可能性、适法期待可能性。其源起于德国刑法学界所倡导的规范责任论基础之上，继后开始勃兴于大陆法系各国。严格讲，所谓期待可能性是指要确认某一行为具有刑事法上的可非难性，必须是在该特定情况下，国家法秩序原本可以期待人们会去遵从法律规定、不会去实施某一违法行为的特定情状。在此情况下，倘若行为人选择了不遵从某刑

---

[*] 中国社会科学院法学研究所研究员、博士生导师。

事法规范、违反了这种期待，这就产生了刑事法上的问责评价问题。反之，倘若行为人实施该违法行为时，周遭发生的附随情状，令行为人欠缺遵从国家刑事法秩序的可能性或守法期待可能性较小，则诸此守法期待不能或守法期待可能性较小的情状，或可成为阻却或减轻行为人之"责任"的事由。

由此可见，首先，期待可能性既名之为"守法"期待可能性，且建立在"规范责任论"基础之上，就绝非针对"立法"而是针对"司法"所遇"个案"而言。而对"刑法上的逃逸规定有悖期待可能性"的指摘，实际是从应然视角批评现行立法。立法固然可以点评甚至批判，但无论怎样批判，在立法尚未修改之前，对实践中所遇"个案"，司法上还是务须按现行立法的"实然"规定去适法。故而，论者只能通过"个案"发生了何种特殊的附随情状，来证明要苏某留守在肇事现场实属守法期待不能，而不能一概而论地宣称要求肇事者原则上不得逃离现场的"整个刑法规范"欠缺守法期待可能性。

其次，从应然意义上讲，个人认为，现行刑法的逃逸规定并不发生任何有悖期待可能性的问题。这是因为，上述论者所谓"行为人在实施犯罪行为以后，都会对自己的行为从心理上予以否认并坚持自己行为的合理性"，国家法秩序因而无法期待行为人"不逃逸"的观点，未免失诸于"以偏概全"。准确地说，唯有"故意犯罪"的行为人，犯罪后大多会选择迅疾逃逸，国家法秩序因而的确不能期待他们"坐以待毙"。唯其如此，立法上对盗窃、抢夺甚至抢劫罪犯等，均不单独处罚其得手后的"窝赃""销赃"行为，而诸如此类的"事后不可罚"规制，其实都肇因于诸此"守法"事项根本不可能期待于此类"故意"犯。

但交通肇事罪则不然。交通肇事罪是过失犯而非故意犯。实践中，虽然不少行为人在案发过程中实施的"违章开车"行为的确基于故意，例如故意超速行驶、故意在直行车道左拐弯等，然而，因其违章开车所导致的"车毁人亡"后果，是行为人始料不及或轻信能够避免的，而刑法第十四条所规定的"故意"必须是相对于自己行为所导致的"危害后果"而言，交通肇事罪的行为人既不希望也不放任自己的行为会致"车毁人亡"的后果，因而，就交通肇事罪的基本形态而言，此类犯罪应为典型的过失犯罪。

交通肇事罪不仅属过失犯罪，还与一般的过失重伤害、过失致人死亡犯罪等有所不同，主要反映在：（1）事发格外地急遽、骤然且始料不及。（2）行为人与被害人大多素不相识、无冤无仇。然而，只因自己一时粗心，转瞬之间，便肇致他人甚至多人车毁人亡！面对惨状，但凡有基本伦理道德底线者，都不会选择逃之夭夭，而是报警求助求医。由是，所谓交通肇事后还要让人不逃逸不具有刑法上的期待可能性、而选择否认逃避责任的做法倒契合"人之常情"的观点，不免混淆了过失犯与故意犯在主观恶性、人身危险性上的重大区别，因而此论难以成立。

再次，守法期待"能与不能"，不属"立法"规范的范畴，而是司法针对"个案"所作的刑法评价，期待可能性只能启动于"个案"发生了一定"附随情状"的场合。就本案给定案情可见，苏某发生车祸时，并未发生任何足以导致守法期待不能的"附随情状"，因而，司法上也碍难通过守法期待不能来阻却其"逃逸"责任。相反，倘若给定的案情附随了一定客观情状，由此产生的问责评价也会迥然不同。

例如：若出事那天，苏某的汽车上还同时搭载了身患重病、须立即到儿童医院手术抢救的苏某的6岁儿子。车祸发生之际，孩子虽然没有受伤，但已时不我待。为了争分夺秒，苏某在跳入河中救起一名被害人并打电话报警后，便迅疾开车离开了肇事现场前往儿科医院。当警方找到苏某时，苏某正在刚刚手术完毕的孩子病床旁。警察一番盘问之后，苏某坦诚：自己正是车祸驾驶员，当时没有留下来并向警方通报自己就是肇事者，只是因为送孩子去医院手术的事万分紧急，同时，自己还担心：一旦警方知道他就是肇事者，很可能会把他扣留下来，这就会耽延他送孩子去医院抢救的宝贵时间……

肇事车上还载有亟待手术抢救的孩子这一"附随情状"，会令社会一般人认可苏某的行为"情有可原"，这种情状下的"逃离现场"确属符合"人之常情"的行为，故而仍令苏某务须呆在肇事现场不动，的确有悖刑法上的守法期待可能性。据此，司法上的确可以判定此类行为人因为"不逃逸"之守法期待"不可能"，从而可阻却其交通肇事后又"逃逸"的责任，仅按一般交通肇事罪处罚即可。

（二）逃逸与刑法上的禁止重复评价没有关联性

刑法评价通常指刑事司法上对个案行为人的否定性评价，包括行为该当特定构成要件的评价、违法性评价和责任评价。阻却违法的评价如正当防卫、阻却或减免责任的评价如守法期待不能、自首等，可谓广义上的刑法评价。但狭义的、严格意义的评价乃指刑法上的否定性评价，又称非难评价。

就刑法第一百三十三条的规定而言，交通肇事后若不逃逸，则刑事司法上仅对其基本的交通肇事行为、是否该当交通肇事罪的构成要件、违法性和有责性进行评价。简言之，无逃逸则无（特定）行为无（特定）评价，即"没逃逸"则勿须刑法评价。唯有逃逸了，方才可能启动刑法上的责任非难之加重评价。而未逃逸，又向警方如实坦诚自己乃为交通肇事人并愿意静候国家审判者，司法上在进行问责评价时，仅会就其"自首行为"作出或可减轻或免除责任的刑法评价。由此可见，在此，针对未曾逃逸且自动投案自首的行为，司法上仅需启动一次刑法评价即可，何来重复评价之说？

更何况，刑法上的禁止重复评价，全称应为禁止刑法上的不利重复评价。莫道我们并不认可刑法会对"未逃逸"作出任何非难评价，就算是"评价"了，起码自首、坦白等刑法评价均属有利于被告人的评价吧。这样，即便秉持上述论者非要将未曾评价的"未逃逸"也认定为做过一次评价，那么这种评价也并非针对被告人的不利评价，有何不可？须知：刑法学理上之所以达致禁止针对同一行为重复评价的共识，其一，乃是基于更好地保护刑事诉讼中的弱势群体——被告人的机理；其二，也是基于狭义的刑法评价限指刑法上的否定性评价。因而禁止重复评价仅仅是禁止针对被告人的否定性评价。

（三）逃逸并非不作为犯罪

论者对"逃逸"可以视做"不作为犯罪"这一提法，也是对刑法第一百三十三条关于交通肇事罪的曲解。须知，交通肇事罪乃作为犯罪而非不作为犯罪；其次，交通肇事后之逃逸，只是刑法法定的刑罚加重事由——它不是独立的犯罪——也没有独立的分则构成要件，因而该一行为不可能脱离交通肇事罪、自成什么"作为犯罪"或"不作为犯罪"。申言之，"逃逸"既非独立的"犯罪",还来争论甚至定性其究属"作为犯罪"还是"不作为犯罪"的,实属针对交通肇事罪基本特征的严重误读!

（四）无论基于实质解释论还是形式解释论,本案行为人均成立刑法上的逃逸

众所周知,实质解释与形式解释的主要分界点还在如何评价犯罪的本质问题,按照形式解释论的观点,犯罪的本质是对刑法规范的违反；实质解释论的观点则认为犯罪的本质是对刑法所保护法益的侵害或者威胁。

在解释观上,本人更赞同形式解释与实质解释相结合的、既忠实于立法原义又贴近时代现实的、能动地去考量刑法模本的刑法解释立场。虽然,对这里之立法原义,似应更多地从刑法的价值立场去探究立法原意,否则,毫无刑法价值目标地无头探寻,其做法本身也会与"立法原意"南辕北辙。

据此,就交通肇事罪的"逃逸"规定而言,笔者比较赞同既考量立法（包括司法解释的）条文原义、又结合刑法的价值目标来考量"逃逸"的要义。从而,个人认为,最高法有关司法解释明文释定的逃逸是指"为逃避法律追究而逃跑"与"因逃逸而致被害人难以及时获得有效救助",二者应当共同作为"逃逸"规制之要旨。因为前者体现的是"主观恶性大者加重其责"的立法原义；后者则属从刑法的价值目标出发,兼而顾及到对被害人生命、健康权益的"着力保护"之立法意蕴。

再结合本案看,苏某并无其他任何紧急情况,在捞起自己汽车撞入河中的伤员后,明明知道现场还有因自己汽车肇事而可能死亡的被害人,苏某竟然擅自离开现场,则对苏某逃离的目的只能认定为"为逃避法律追究"。

其次,如上所述,苏某既酒后又无照驾车,本案之被害人骑行却未曾有任何"违章"处,这种情况下,仅仅是"跳入河中"救起了被害人并电话报警,然后逃离现场,苏某所导致的"既有法益侵害"就不会扩大了吗?回答是否定的。事实恰恰是:苏某在实施初步救治之后逃离现场,仍然存在"扩大既有法益侵害"的实在可能性。这是因为,苏某逃离现场之后,受害者本人或其家属便无法通过肇事者及时获取有关治疗费、丧葬费、赔偿费用等。进而,这样的逃离仍会产生无法彻底补救被害人的伤痛及损害的客观后果。除非,即如本案那样——办案民警迅速查获并缉拿肇事嫌疑人到案了,有关赔偿、补偿等问题才能一体解决。然而,这样的"解决"并非苏某逃离现场后"自动"产生的,而是公权力介入与干预后的结果。

综上可见,无论是从主观恶性还是客观补救效果看,苏某既以其"逃离现场"的行为酿就了自己事实上的"对刑法规范（肇事后不得逃离现场）的违反"；又以自己逃离现场的行为,扩大了自己对既有法益侵害的"威胁",因而,无论是基于形式解释论还是实质解释论的立场,苏某均成立交通肇事后的"逃逸"。故而,一方面,应适用刑法第一百三十三条的情节加重犯规制裁量其刑罚；另一方面,苏某确曾实施了一定的先行救助行为,司法上宜将此作为从轻处罚的酌定情节,在三年以上七年以下有期徒刑这一量刑幅度内择处较轻的刑罚。

【对案例二的评析】

按照刑法第一百三十三条及相关司法解释的规定,交通肇事罪可根据法定刑设置的不同分

类为：（1）一般交通肇事罪；（2）（交通肇事罪之）情节加重犯；（3）严重型情节加重犯。

而上述针对本案行为人包某的三种定性意见，刚好可分别对应于上述三种类型。秉持第一种观点者认为包某的行为仅构成一般交通肇事罪，法定刑为三年以下有期徒刑或者拘役；第二种意见认为包某的行为构成严重型情节加重犯，法定刑为七年以上、十五年以下有期徒刑；第三种意见认为包某的行为应属一般型情节加重犯，法定刑为三年以上、七年以下有期徒刑。

分析本案，本人更倾向于第一种意见，理由如下：

（一）本案被害人乃伤重抢救无果而亡，与行为人离开现场没有关联性，对包某因而可以排除适用"严重型情节加重犯"

根据刑法第一百三十三条的规定，交通肇事罪的行为人要成立严重型情节加重犯，必须是因其"逃逸致人死亡"。根据本案案情交代，车祸发生之际，村民便听到事故"声响"了，随即"到现场查看并打电话报警抢救"。但抢救无效，杨某身亡。从以上案情叙述可见：（1）尽管包某离开现场去交警队报警了，现场对被害人的抢救依然可谓及时；（2）杨某虽获及时抢救，依然无效身亡；（3）导致杨某抢救无果身亡的原因，不是因为包某耽延了抢救，而是包某的交通肇事行为本身对杨某的身体伤害过重。杨某之死，并非基于其被耽延了抢救，而是包某之交通肇事行为本身所致。按刑法的规定，倘若被害人伤情原本不太致命，仅仅因为行为人蓄意逃逸，致被害人因迟迟未获抢救而致身亡的，才能成立刑法第一百三十三条法定的严重型情节加重犯。是故，包某的行为不能成立刑法第一百三十三条法定的严重型情节加重犯。既而，上述第二种意见可予排除。

（二）"离开现场"并不完全对等于"逃逸"，到附近警局去自首也含有报警求助的心理动因与行为成分

按照最高法的司法解释，逃逸"是指行为人在交通肇事后，为逃避法律追究而逃跑的行为"。分析本案可见，本案行为人虽然离开了肇事现场，但其不是为了规避法律的制裁、而恰恰是为了及时赶到交警队去报警投案而已。众所周知，投案自首的必备条件是：自动到案，如实供述自己的主要罪行，并且愿意静候国家法律的裁断、审判。有鉴于此，至少在理论上，不能简单地将行为人在交通肇事后离开现场的行为，与交通肇事后之"逃逸"划上"等号"，虽然在多数情况下，交通肇事后又离开现场者，的确能够成立刑法上的"逃逸"。

对此，针对本案持第二、三种意见的人可能质疑：本案中包某去交警队投案自首的行为，只能表明其愿意接受国家法律的制裁，但这并不代表行为人已然履行了其应予履行的"救助"被害人的义务。既然其并未履行其先行行为引发的后续义务，则其擅自离开现场去自首的行为，"当然能够成为法定刑升格的根据"。

对此质疑，笔者认为：首先，法定刑升格的"根据"只能源自现行法律的实然规定，而非学理释定。按照刑法第一百三十三条的规定，能够导致交通肇事罪升格的"根据"，首先是"逃逸"。而司法解释对"逃逸"的明文规定为"为逃避法律追究而逃跑"的行为。有鉴于此，至少从理论上讲，行为人没有当场履行其应予履行的救助义务的行为，只能成为司法上在法定刑范围内酌情从重处罚被告人的酌定量刑情节，而非法律上的法定"根据"。其次，有论者为了找出致令行为人法定刑被升格的"根据"，便将当场救助与逃逸关联了起来。换言之，没有

当场救助就等同于逃逸。实际上，在本文的视界里，行为人包某的确没有"当场救助"被害人，但没有当场救助不等于没有救助。这是因为，实践中，当发生足以构成交通肇事罪的重大交通运输事故时，行为人可予施救的手段有三：

第一，当场施救。即如上述案例一中的行为人苏某，就是当场跳入河中救起了被他的汽车撞入河中的被害人。这种施救法的可行之处在于效率高，不足点在于适用范围很有限。这是因为：其一，重大车祸的被害人大多是血流如注或内脏受损严重者，难以成功施救；其二，绝大多数行为人并非职业医师，要让其自己当场施救，可谓心有余而力不足。上述案例一中被害人只是被撞入河中，受伤也不重，行为人刚好还会水可以自行救起被害人者。而实践中，绝大多数的肇事者欠缺当场抢救被害人的施救能力。对此，借用一句刑法术语来表述，那就是：要让所有的肇事者都做到当场抢救被害人，欠缺期待可能性。

第二，通过120急救电话求救。此一求救法效率较高。但实践中，仍存在一定适用范围与场合的限制。这是因为，结合本案便可看出：（1）车祸发生于天黑人静之际，行为人可能难以判定事故的具体方位、地段，更不知地名，难以通知120急救人员事故的具体地点；（2）行为人未必都带有可用且带电的手机、手机还可能因车祸被摔坏甚至丢失；（3）夜深人静或者车祸地太过偏僻之际，行为人恐也难以借助他人电话求救；（4）行为人很可能还须随身携带足够多的现金或可实时支付的银行卡，以便支付120的出车费、抢救医院的入院押金等。

第三，报警求救。一般而言，无论是国道、省道还是高速路周边，都有巡逻交警，警察因而能够更快地抵达肇事现场；且警方作为公共安全机关，除负有抓捕犯罪分子、确保社会安全的责任外，还负有确保人民群众生命安全之责。因而，一般情况下，在发生重大交通事故的场合，无论是行为人本人还是其他民众一旦报警，警方都会同时担起马上设法抢救被害人之责。如本案，在包某开车去交警队投案之际，听到声响的附近村民采用的也是"打电话报警抢救"的方式，虽然被害人还是不治身亡，但从中仍可看出："报警抢救"不失为求救方式之一。

由此可见，如果说即行抢救是行为人先行行为引发的"后续义务"的话，那么，对于人民警察而言，到场抢救也是人民警察理当履行的"职责义务"。

再回过头来分析本案可见，持第三种意见的论者称逃逸的目的性所指的逃避法律追究"具体是指不履行相关法定义务，比如救助伤者、保护现场、及时报警、听候处理等"。对此，如案例一所述，本文认为，"逃避法律追究"的立法原意仅指逃避国家刑事法律与民事法律的追究；但"逃避法律追究"的立法意蕴可以延伸及国家刑罚权对被害人生命、健康权益的珍视与保护。为此，宜从二者结合之立场来探究本案行为人开车去警队自首的行为是否构成"逃逸"。

首先，从逃避国家刑事法律与民事法律的追究之视角看，很清楚，包某既然专门开车去警队自首，则他理所当然地不存在逃避国家法律制裁的避祸心理；其次，从救助被害人的视角看，本案伤者伤势过重，要让包某当场施救，怕是"期待不能"——继后的专业施救人员赶至现场也没能挽救杨某的生命，便可见一斑。由是，现场施救之于行为人而言，可谓"非不为也，实不能也"。

现在的问题聚焦点在于，同样是报警：村民是打电话报警，包某是自己开车去警队报警、自首。虽然，打电话报警求救的效果的确要快得多，但效果上的差异，并不能排除其开车去警局报警的行为，不仅是自首，也有通过报警来抢救被害人的心理动因。至于其开车去报警的方法低效笨拙，那是另一值得引以为戒的问题，但它却不该成为司法上否认其报警行为也含有通过他助来达到救助被害人的因素。

可见，包某的报警、投案行为，与其应当履行的"救助义务"并不当然抵牾，而呈正相关，虽然包某的报警方法欠妥。但包某与一般常人的行事风格大有不同，也应当事出有因。比如，他还在前罪的考验期内就又犯交通肇事罪。事发之际，包某应当比常人更紧张、更焦虑甚至恐惧，他能反应过来的可能只剩下尽快报警、投案并自首。

反过来说，司法上倘若采纳上述第三种意见，一方面确认包某的行为成立为自首，另一方面又认定其行为构成交通肇事后"逃逸"，那么，第一个难以自圆其说的矛盾点就在于：自首除须自动投案之外，还须自觉静候法律的审判，既然是要"自觉主动地静候国家法律的审判"，又何来为了"逃避法律追究而逃跑"之说？第二个难以自圆其说的矛盾点在于：为何村民打电话去警局报警求助可谓救助被害人，行为人自己开车到附近警局即行报警求助就被完全否认其救助性呢？须知，每一个社会人都不是抽象的人而是具体的人，社会人因而不可能人人针对同一事项都能作出相同的、精准的、最佳的求助反应。换言之，社会人都会因事发时自己所处地点、时间及大脑的思维与反应速度的不同，采用不同的方法去救助或求助他人。本案行为人选择自己开车去县城报警求助，方法虽然笨拙，却也表明行为人并无有意耽延对方生命的动机。如此，其主观恶性与人身危险性并未达到恶意放任他人生命权益的程度，刑法为何非要强人所难、非要因其方法的低效而将其评价为"情节加重犯"呢？

本文想套用上述第三种意见论者的思路来结语本案，即：无论从本案行为人包某开车到警局的"行为性"还是其行为"目的性"来看，包某的行为都不构成"交通肇事后的逃逸"。有鉴于此，主张应对本案适用"情节加重犯"的第三种意见，也宜排除。

综上所述，对本案行为人，应当按一般交通肇事罪定罪量刑，再撤销其以前所犯交通肇事罪的缓刑，并以原来所判的两年有期徒刑与现在所犯罪的刑期，按刑法第六十九条的规定，实行数罪并罚。

以免费办信用卡为名骗POS机押金如何定性

周　忠　李　海*

一、案情简介

2015年11月开始，毛某某先后招聘数十名话务员，让话务员通过提前设置好的虚拟网络电话，冒用"银联商务""银联信用卡代办"等名义向多名被害人打电话，称可以为其免费办理5—30万元额度的信用卡，但办卡必须参加一个POS机的推广活动。办理不同额度的信用卡，需要试用不同数量的POS机。试用小型POS机须缴纳押金998元，大型POS机需要一次性买断，试用期间为半年或者在该POS机上刷满50万元即可退回押金。经查，毛某某的POS机来自黄某某经营的某科技公司，黄某某与毛某某口头约定，由毛某某负责推广POS机，黄某某据毛某某提供的客户地址发货并收取押金及货款，黄某某以推广POS机的数量及使用人的刷卡消费额度给予毛某某相应的分成。在近5个月的时间内，毛某某等人共推广POS机1091台（其中以买断的方式销售大型POS机3台），涉案金额共100余万元。多名被害人缴纳押金或货款后，毛某某等人并没有为被害人办理信用卡，而是先以各种理由推托，后采取删除微信号、拒不接听电话等方式予以逃避。2016年4月，公安机关将毛某某抓获。

二、分歧意见

对于毛某某获取被害人押金的行为如何定性，存在三种意见。

第一种意见认为，毛某某主观上不具有非法占有他人财物的目的，不构成犯罪。理由是：毛某某在推销POS机的过程中与被害人约定试用期为半年，本案的行为开始至案发，尚无被害人使用POS机达到半年，不能排除毛某某等人半年之后返还给被害人押金的可能性。此外，毛某某并没有将押金据为己有，而是全部交与黄某某，再从推广POS机的数量及使用人的刷卡消费额度中分得一定利润，因此，无法认定毛某某对押金的非法占有目的。

第二种意见认为，毛某某构成虚假广告罪。理由是：毛某某为了推销POS机，以电话营销的方式做虚假宣传，该案涉案金额达到100余万元，且被虚假广告欺骗的被害人无法通过私力救济的途径找到犯罪嫌疑人维护合法权益，其社会危害性明显重于行为人利用广告虚假宣传违法所得10万元以上的情形，符合虚假广告罪的犯罪构成要件。

第三种意见认为，毛某某构成诈骗罪。理由是：毛某某虚构了可以办理不同额度信用卡这

---

* 周忠，四川省成都市新都区人民检察院副检察长；李海，成都市新都区人民检察院检察官助理。

一事实，假借办卡之名诱骗被害人自愿交付一定数量的金钱做押金或者以畸高价格购买POS机，具有非法占有的主观目的，应当构成诈骗罪。

三、评 析

笔者赞同第三种意见，毛某某构成诈骗罪。具体评析如下：

（一）认定毛某某构成虚假广告罪的理由不充分

一是不符合虚假广告罪的主体要件。该罪主体要件要求是广告主、广告经营者和广告发布者，而本案中毛某某等人并非进行广告经营或发布的专门主体。二是通过虚假广告推销商品的目的是为了提高商品销量，因为夸大了商品的效能从而触犯虚假广告罪。该案中毛某某本身不具备办理信用卡的资质，其谎称缴纳POS机的押金就可以为他人办理高额度信用卡的行为，最终目的是为了骗取被害人的押金，而不是推销POS机。

（二）毛某某构成诈骗罪

1.毛某某实施了虚构事实、隐瞒真相的行为。毛某某在没有信用卡办理资质的情况下，为了让他人购买其推销的POS机，组织数十名话务员，使用虚假的电话号码并对外谎称是"银联商务"的工作人员以骗取客户的信任。在客户支付了相应款项后，话务员便以各种理由予以推诿、拖延。

2.被害人处分财产的目的并未实现。理论上，行为人虽然提供了商品，但故意就商品的价值等作虚假陈述，使对方对商品的效能产生错误认识而交付金钱的，仍构成诈骗罪。例如，行为人欺骗被害人涉案股票即将上市，诱骗股民高价购买股票，构成诈骗罪。因为虽然被害人到手的股票也具有部分价值，甚至有升值的可能，但被害人的交换目的并没有实现，其主观上想购买的是即将上市的股票。本案中，小型POS机的市场价往往不足百元，而被害人需要支付的押金却高达998元，商品本身的价值与实际支付的价格严重不对等。再者，被害人支付押金或货款的目的在于获取较高额度的信用卡，得到的却是一个价值低廉的POS机，对于被害人来讲，处分财产的目的并没有实现，实质上遭受了财产损失。

3.毛某某具有非法占有的目的。首先需要明晰的是，非法占有并不需要行为人本人单独非法占有。本案中，POS机的钱款先转给黄某某，毛某某再通过提成的方式从黄某某处获取利润，虽然该案现有证据不能认定黄某某与毛某某共谋非法占有，但并不影响对毛某某的定罪。其次，虽然毛某某推销POS机时与客户约定，客户使用信用卡刷卡额度满50万或者时间达到半年以上，便可退还客户的押金，但本案实质问题在于，客户没有按预期获取较高额度的信用卡，对于要求退还押金的，话务员以各种理由推脱，甚至删除微信失去联系。因话务员使用的是虚假网络电话、虚假的公司名称，对于被害人来讲，即使按照预定的时间达到"半年"条件，也根本无法联系上毛某某。

综上所述，毛某某诱骗他人使用或购买POS机只是手段，非法占有他人钱款才是其目的，对此，应当认定为诈骗罪。

冒充军人与女子谈恋爱并骗钱如何定性

王保辉　李井忠　李　刚*

一、基本案情

2014 年 12 月，犯罪嫌疑人苗某某（男，已婚）通过社交软件与朱某某（女，未婚）相识，苗某某谎称自己为某市武警支队副队长"李某某"，并将其持有的假军官证展示给朱某某看。朱某某信以为真，遂与李某某（即苗某某）建立了男女朋友关系。在两人交往期间，苗某某先后以朋友结婚、买手机、修车等借口骗取朱某某共 7 万余元，后朱某某向其索要，苗某某拒不退还。朱某某发现被骗后报警。

二、分歧意见

对于苗某某的行为定性问题，主要有三种意见：

第一种意见认为，苗某某冒充军人实施诈骗的行为既符合诈骗罪的构成要件，又符合冒充军人招摇撞骗罪的构成要件，属于法条竞合，而冒充军人招摇撞骗罪是诈骗类犯罪的特殊罪名，根据"特别法优于普通法"的原则，应当认定为冒充军人招摇撞骗罪。

第二种意见认为，苗某某利用军人身份实施诈骗是一种手段，并没有危害军队的威信及正常活动，其主要目的还是非法占有他人财物，也就是说侵犯的法益只能是公私财物，仅构成诈骗罪，不符合冒充军人招摇撞骗罪的构成要件。

第三种意见认为，苗某某的行为既符合诈骗罪的构成要件，又符合冒充军人招摇撞骗罪的构成要件，属于想象竞合犯，应当择一重罪处罚。诈骗罪的法定刑为"数额较大的，处三年以下有期徒刑、拘役或者管制，并处或单处罚金；数额巨大或者有其他严重情节的，处三年以上十年以下有期徒刑，并处罚金"。根据安徽省关于诈骗罪数额认定标准的规定，诈骗公私财物达 5 万元以上，属于数额巨大。而冒充军人招摇撞骗罪的法定刑为"处三年以下有期徒刑、拘役、管制或者剥夺政治权利；情节严重的，处三年以上十年以下有期徒刑"。苗某某的招摇撞骗行为达不到冒充军人招摇撞骗罪的情节严重的程度。因此应当按诈骗罪定罪处罚。

三、评析意见

笔者更倾向于第三种意见。

---

* 王保辉，安徽省寿县人民检察院检察长；李井忠，寿县人民检察院法律政策研究室主任；李刚，寿县人民检察院检察官助理。

第一，本案中，苗某某声称自己为某武警支队副队长以及展示其持有的假军官证，并以此骗取朱某某的信任、玩弄女性，这一行为足以侵犯我国军队的威信，给军民关系造成了比较恶劣的影响，符合冒充军人招摇撞骗罪的犯罪构成。因此第二种意见不妥。第二，苗某某隐瞒自己已婚事实，与朱某某交往期间，以非法占有为目的，虚构事实、隐瞒真相，使朱某某基于错误认识处分了自己的财产，侵犯了他人财产所有权，符合诈骗罪的犯罪构成。那么，两罪是法条竞合还是想象竞合呢？法条竞合指一个行为同时符合数个法条规定的犯罪构成，但从数个法条之间的逻辑关系来看，只能适用其中一个法条，排除适用其他法条的情况，它是法条之间的竞合关系，而不是犯罪的竞合。法条竞合主要表现为特别法与普通法或者特别法条与普通法条的关系，在发生法条竞合的情形下，无论按照普通法条还是特殊法条，都可以对案件进行完整的法律评价。而想象竞合犯则是基于案件事实本身，现实行为触犯了两个不同的法条，不同法条之间不必然具有包容或者交叉关系，也就是说按照任何一个法条的规定都不足以全面评价案件事实，只有评价符合两个以上法条规定的犯罪构成，才能全面评价案件。根据刑法规定，诈骗罪被编纂于分则第五章"侵犯财产罪"，而冒充军人招摇撞骗罪被编纂于分则第七章"危害国防利益罪"，因此两罪的法益还是有所区分的，苗某某的一系列行为具有持续性，侵犯了不同法益，这两个法条中的任何一个都不足以全面评价该案事实，属于想象竞合，而不属于法条竞合，应当择一重罪处罚。只不过对于冒充军人招摇撞骗罪"情节严重"如何认定，司法解释没有明确的规定，但是即使上述情形属于"情节严重"，诈骗罪由于同时有并处罚金的规定，因此仍然重于冒充军人招摇撞骗罪，所以应以诈骗罪定罪处罚。

检察机关办案组织建设实践分析及完善进路

——以天津市检察机关为研究对象

白春安*

司法责任制改革后，办案组织是检察权运行的最基本的单元，不仅是检察权运行的载体，更是司法责任承担者，是办案权和办案责任的统一体，对提高司法办案的质量、效果和司法公信力至关重要。笔者对 2017 年以来天津市检察机关办案组织建设以及实践运行状况进行考察分析，就如何进一步加强办案组织建设进行了思考。

一、2017 年以来天津市检察机关办案组织建设的主要情况

2015 年 9 月，最高检印发了《关于完善人民检察院司法责任制的若干意见》（以下简称《意见》）。天津市检察院按照《意见》要求，在全市检察机关先期开展了检察官办案责任制改革模拟运行。从 2017 年开始，全市检察机关全部按照新的检察权运行机制办理案件，依法落实"谁办案谁负责、谁决定谁负责"的司法责任制。

（一）办案组织主要形式

遵循检察业务运行规律，根据履行职能需要、案件类型及复杂难易程度，实行独任检察官或检察官办案组的两种办案组织形式。独任检察官由一名检察官和必要的检察辅助人员组成，检察官办案组由两名以上检察官和必要的检察辅助人员组成。目前，天津市检察机关员额内检察官采用独任检察官形式的有 701 个，约占全部办案组织形式的 90%；采用固定检察官办案组形式的有 55 个。此外，还设立过临时性办案组 40 个。需要说明的是，检察官办案组人员不限于固定搭配，可以相对固定设置，也可以临时组成，固定设置的办案组内检察官既可以作为检察辅助人员协助主任检察官办理案件，也可以作为独任检察官同时承办其他案件。因此，独任检察官形式和检察官办案组形式可能在一定的时间、空间上有所交叉。

（二）办案组织部门分布

根据业务类型对办案组织形式分别设置，不同各业务部门各有侧重。随着近年来办理专案以及疑难、重大复杂案件数量的持续增长，侦监、公诉、控申等部门扩大了检察官办案组的适用。比如，天津市检察院第二分院设立了扫黑除恶检察官办案组，河北区检察院在公诉部门设立毒品案件办案组，在侦查监督部设立涉众经济类办案组，专司某一类案件的办理。部分基层检察院还探索建立了以检察官个性化名称命名的品牌化办案团队，其本质仍然是检察官办案组。

★ 天津市人民检察院法律政策研究室检察官。

（三）办案组织人员配比

根据办案组织形式的不同，为检察官办案配置一定数量的检察辅助人员。独任检察官承办案件，一般采用"1+N+N"的配比模式，其中的"N"指的是根据办理案件的具体情况配备相应数量的检察官助理、书记员，但一般情况下只配备1名检察官助理和1名书记员。固定设置的办案组，设主任检察官1名，其他检察官1—2名，检察官助理和书记员一般各1名。临时组成的办案组，由检察长指定主任检察官，根据需要配备必要的检察辅助人员，一般不设比例要求，既可以按照固定办案组的模式配比，也可以多配。无论独任检察官或检察官办案组，其检察辅助人员均既可以相对固定，也可以临时调配，检察官助理和书记员在实际运行中也会存在交叉。

（四）检察官、检察官助理和书记员职责划分

检察官是办案组织的核心，检察辅助人员在检察官的指导下，协助履行司法办案职责。检察官助理主要从事法律性工作以及部分非核心性法律事务；书记员在检察官指导下，协助检察官从事记录、整理、归档等事务性工作。与其他省市做法不同，天津市检察院并没有专门出台文件明确检察官的职责。主要考虑是，检察官作为承担司法责任的最主要的主体，除了检察官助理和书记员的职责外，与案件相关的其他职责均应承担。此外，主任检察官除履行检察官职责外，还负责办案组承办案件的组织、指挥、协调以及对办案组成员的管理等工作；业务部门负责人还负责组织研究涉及本部门业务的法律政策问题，召集检察官联席会议，以及本部门司法行政管理等工作。

（五）司法责任承担

根据权力清单，独任检察官在权力清单确定的职权范围内独立对案件事项作出处理决定并承担司法责任；检察官办案组承办的案件，由主任检察官和其他检察官共同承担责任，主任检察官对职权范围内决定的事项承担责任，其他检察官对自己的行为承担责任。检察官助理、书记员对指派事项的执行、处理情况承担责任。检察长有权对独任检察官、检察官办案组承办的案件进行审核，不同意检察官的处理意见，可以要求复核，也可以直接作出决定，并对改变决定部分承担责任。司法责任制改革以来，天津市检察机关尚未出现对检察官、检察辅助人员追究司法责任的情形。

（六）办案组织管理

一是建立了分案轮案制度。所有检察官办案工作均在统一业务应用系统上运行，轮案方式采用随机分案为主、指定分案为辅的案件承办确定机制。进入员额的检察官均参与轮案。对案管、研究室等不直接办案的部门检察官，建立了跨部门办案的机制。对重大疑难复杂的案件以及极个别专业性强、不适宜随机分案的案件类型，采取指定分案的方式。二是建立了检察官联席会议制度。一般案件不需要业务部门集体研究，对重大疑难复杂案件以及提请检委会审议的案件，召开检察官联席会议研究讨论，供检察官办案参考。2017年以来，天津市检察机关共召开各类检察官联席会议2000余次。三是强化检察官和检察辅助人员的双向制约。在办案过程中，检察官指挥检察辅助人员工作，对不服从安排的，有权向检察长申请更换检察辅助人员。与之相对应，检察辅助人员对于检察官在办案中的滥用职权、徇私舞弊、刑讯逼供、泄露

工作秘密等行为，有权向检察长（分管副检察长）或部门负责人报告。四是按照权力清单和办案职责，对检察官、检察辅助人员实行不同的绩效考核制度。

二、办案组织建设中存在的主要问题

（一）推进办案组织建设引发不同检察人员的心理变化

司法责任制改革前，检察权的运行是以内设业务机构为基本单位来展开的，检察长开展工作的主要抓手是各业务部门，业务部门负责人对本部门办案和行政工作统筹分配。改革后，业务部门负责人不再审批其他检察官办理的案件，检察官亲自办理案件并直接向检察长、分管副检察长负责。部分检察长、部门负责人不能完全适应这种变化，一些检察长抓工作仍然主要听业务部门汇报，而不是直接听取检察官对案件的意见，对检察官办案的支持保障力度不够。而一些部门负责人由于不再对检察官办理的案件进行审批，或者以"谁办案谁负责"为名对检察官办案不积极支持配合，或者为完成自身的办案任务，对部门的行政管理工作不上心。对于未入额的原具有办案资格的人员来说，可能会因为权力的调整而导致心理失衡，工作的积极性、主动性不够，这些都会影响办案组织开展工作。

（二）对检察官放权不够，检察人员职责权限不够明晰

办案组织依法办案的前提是赋予其足够的权力，这样才能激发其活力和动力，也才能真正实现司法责任制改革的初衷。但是通过调研发现，目前办案权力清单中对检察官放权不够，一些可以下放给检察官的权力仍然交给检察长决定，检察官办案的"独立性"不够，这样既会加重检察长的负担，也会导致检察官的依赖心理。同时，虽然制定了检察官助理与书记员的职责，但是这些职责之间有交叉，在一些事项上容易扯皮。由于检察官在办案组织中是承担司法责任的最主要的主体，如果检察官助理或者书记员怠于行使职责，那么检察官就需要从事各方面的事务性工作，大到案件的判断、研读与定性，小到笔录的记录与文书的制作和送达，都要事必躬亲，导致检察官压力过大。

（三）办案组织的设置及人员配置不甚理想

按照天津市的规定，检察官办案组既可以固定设置，也可以临时设置，检察辅助人员也可以在不同检察官以及检察官办案组内流动，这种方式既有利也有弊。固定搭配的方式有利于检察官和检察辅助人员相互之间充分配合，对加强日常管理、形成工作默契、提高工作质效有益，但也可能出现忙闲不均以及人力资源得不到合理应用的问题。但如果临时设置的办案组过多，势必会抢占优势资源，影响正常工作的开展，也不利于检察官针对性指导检察官助理提高办案水平。从人员配置来看，检察辅助人员不足、配备不合理，可能导致办案工作开展不顺畅。虽然2017年以来，天津市检察院公开招聘了一批书记员，但短期内无法充分发挥协助办案的作用。随着公益诉讼、刑事执行监督业务的扩展，检察辅助人员配置不够的问题将会更加突出。

（四）办案组织内部关系不够明确

检察官和检察辅助人员的关系是办案组织中的基本问题。如果明确检察官对检察辅助人员是领导关系，并且有日常工作中的管理职责，那么很可能回到过去的行政模式，把检察官变成

一个个"小科长""小处长"，与业务工作淡化行政色彩的改革导向相悖。但如果明确检察官仅仅对检察辅助人员是业务指导关系，没有管理职责，那么检察官对检察辅助人员的控制力度将十分有限，无法保证办案任务的完成。特别是在内设机构改革不彻底的背景下，检察辅助人员是听从检察官的指挥还是服从部门负责人的管理，很难作出抉择。

（五）办案组织办案的质效短期内未见明显提升

建立办案组织的主要目的是为了提高办案的质量和效果，但从目前来看这种效果还不明显。司法责任制改革前，检察机关办案实行三级审批制度，虽然这种方式不利于提高办案的效率和落实司法责任，但是依靠层层把关和"集体智慧"，还是能够及时发现案件中的问题。实行司法责任制之后，检察官的权力加大，办理大多数案件不需要检察长审批，仅仅依靠检察官的力量难以保证案件不出现问题，同时也很难确保检察官依法公正行使检察权。从天津市来看，检察官联席会议等辅助办案方式的运用还不够成熟，很多检察院召开会议不够及时、讨论程序流于形式，无法为检察官办案提供准确有效的参考。虽然迄今没有出现错案以及应该追究司法责任的情况，但从案管系统的流程监控来看，一些员额检察官的办案文书质量出现了下滑，办案瑕疵问题出现了上升。

三、加强办案组织建设的对策思考

（一）完善办案组织外部运行保障

1.加大内设机构改革力度。深化司法责任制改革后，办案责任主体由业务部门转变为办案组织，原来设置的部门丧失了存在的基础，对检察机关内设机构进行调整成为必然。要推进检察机关内设机构改革，淡化办案组织的行政色彩，实现组织体系的扁平化。内设机构应当是为了方便业务归类而组建的检察官的集合体，不应再具有案件分配管理等职能。内设机构负责人不能直接改变办案检察官的意见，只能做好相应的行政管理和支持保障工作。从长远来看，应当逐步弱化甚至取消内设机构的建制，而以检察官办案组织为司法办案的基本单元，并依据检察官的特长专门负责不同类型的办案工作，打造专业化的办案团队。办案组织以检察官为中心，依法独立开展事实认定、证据分析和法律适用等工作，直接对检察长和检委会负责，中间不存在其他层级。

2.明确办案组织与检察长〔检委会〕的权限。赋予足量的司法权力是办案组织依法办案的前提，也是落实司法责任制的基础。应当根据不同检察业务的规律来设立权力清单，使办案组织在案件办理过程中有章可循，检察官在作出决定时有根有据。要划分好不同权力的分界，除了少数特别重大、社会敏感度高的案件以及法律法规明确规定需要提请检察长或检委会审批的案件外，其他案件尽可能地下放给检察官，突出检察官的办案主体地位。检察长"代为决定"本该由检察官决定的事项，或者检察官对上级领导的指挥命令持有不同意见时，可以借鉴我国台湾地区检察机关建立的"书面指挥制度"，由检察长以"书面"方式作出指挥命令，以确保检察长对检察官办理具体案件的指挥命令能够在透明的程序下进行，也为事后明确责任提供依据。

3.合理设置办案组织，保障人员配置。独任检察官的形式应当是检察机关办案中优先采取的办案组织形式。对一些疑难、重大、复杂的案件或者类型化的案件，在独任检察官难以完成的情况下，可以采取检察官办案组的形式开展办案。固定设置检察官办案组和临时设置检察官办案组虽然各有利弊，但应当以固定设置为主、临时设置为辅，这样有利于办案组织的稳定性和职能的发挥。特别是在内设机构改革深入推进的情况下，固定设置办案组可以有效承接内设机构的部分职能，促进专业化、职业化检察队伍的养成。当然，对于一些重特大案件，仍然可以采取临时设置办案组的方式。对独任检察官和检察官办案组，应当保障基本的人员配置。对于检察辅助人员严重不足的基层院，可以采取灵活多变的形式为检察官配备检察辅助人员，如将本院或几个业务部门的检察辅助人员集中管理，这些检察辅助人员分别协助若干名检察官办理案件等。

4.打造专业化的办案团队。专业化是现代司法的标志，实行专业化的办案组织分工是各国各地区检察机关的普遍做法。办案组织专业化，要在办案类型、人员组成、职责分工等方面下功夫。在办案类型上，依据受案标准和案件性质进行分工，不同的检察官承办具体类别的案件，以此体现办案专业化要求。在成员组成和个体搭配上，尽可能体现出互补性，把检察官以及检察辅助人员的专业特长、工作经验、工作技能等与不同类型检察办案业务结合起来，更好地形成团队合力。在职责分工上，应当把案件的分配与各办案组织的办案专长结合起来，结合案件办理实际情况对职责进行细分，发挥各类专业人才作用。同时，还要改革传统业务培训方式，依据办案组织的规律特点，对不同办案组以及不同类别人员开展有针对性的教育培训，提高办案的质量、效率和司法公信力。

（二）理顺办案组织内部关系

1.明确检察官与检察辅助人员的关系。建立稳定、协调、高效的组内运行机制是办案组织开展工作的基础，而组内运行模式和管理模式则是保障司法责任制的关键。关于检察官与检察辅助人员到底应是领导关系还是指导关系，应当从两个方面把握。在业务方面，明确检察官与辅助人员的关系是领导关系，在办案的过程中，检察辅助人员应当服从检察官的领导。在行政管理方面，检察官与检察辅助人员不是领导关系，检察长（副检察长）对检察官和检察辅助人员统一行使行政管理权。但检察官参与检察辅助人员的业绩考评，可以就检察辅助人员履职情况提出意见。这样既能突出办案组织的业务属性，保证办案组织不被行政化，又能保证检察官对检察辅助人员有一定的控制力，组织、调配检察辅助人员共同把案件办理好。

2.理清检察官与检察辅助人员的职责。合理配置组内人员、明确组内人员分工是办案组织运行的前提。应当进一步完善员额检察官和检察辅助人员的职责规定。检察官办案应当符合亲历性原则，必须亲自阅卷、亲自审核证据、亲自提审、亲自开庭，而不能将属于自己的职责全部委托给检察官助理。检察官助理和书记员也不能将自身的职责推给检察官。目前检察官助理的职责过窄，应当进一步扩大助理的职责权限，除检察官亲历性事项以及在职权范围内对办案事项作出处理决定外，其他职责都可以由检察官助理承担。对于检察辅助人员不履行职责的，检察官可以向检察长提出更换检察辅助人员的建议。在检察官办案组内，主任检察官履行本组内重大事项的决定权，其他权力交予检察官行使。办案组中的检察官不能混同于检察辅助人员，对自己负责范围内的案件事项，可以领导检察辅助人员完成并作出决定，主任检察官对其他检察官的决定有不同意见的，可以改变决定。

3.完善办案组织辅助决策机制。按照组织系统理论，决策行为是组织的核心要素。司法责任制改革后，办案组织的司法责任加大，面对日益增长的疑难复杂案件，只凭一己之力，难免会出现疏漏，需要健全辅助决策参考机制。要完善检察官联席会议制度，规范会议的程序，扩大联席会议的适用范围，依靠集体智慧为检察官办理疑难复杂案件把脉会诊。现实中，有些检察官不积极参加检察官联席会议，对其他检察官办理的案件不愿意多发表意见，可以制定一些硬性规定，对不积极参加检察官联席会议的，自己提出召开联席会议的次数应当有所限制。同时，还要建立专家咨询委员会、专业研究小组等其他辅助决策机构，为检察官办案提供专业化意见参考。

（三）强化对办案组织的监督管理

1.探索新型监管机制。对办案组织的监督包括检察长、副检察长、检委会、部门负责人对检察官和办案组织履行办案职责情况的监督，办案组织内部成员之间的相互监督制约和办案组织外部对办案组织的监督制约等。当然，最主要的还是业务性的日常监督。要以保障办案组织依法公正行使检察官为目标，以办案组织自我管理为基础，以案件监督管理为保障，探索"案件管理+业务办理"的新型监管机制。统一业务应用系统为新型监管机制的基本依托，所有办案工作均应在网上运行并全程留痕，逐步缩小取消线下操作。对办案组织办案全程实行动态监管，完善流程节点监控机制，发现问题及时预警纠正，实现流程管理"精细化"和"规范化"。要大力开展案件评查，通过评查发现问题，启动个案评鉴，该追责的应当追责，以使司法责任制真正落到实处。

2.完善绩效考核办法。建立办案组织司法办案目标责任体系，将办案数量、质量、效率、效果、安全有机统一作为司法办案目标责任要求。对检察官办案绩效进行考评，重点包括核心业务数据、司法办案目标责任落实情况、案件质量评查等情况。建立检察官助理及书记员考核标准，重点考核其工作质量和工作成果，以及完成检察官分配任务情况。从长远看，应当在检察官、检察辅助人员分别考核的基础上，对办案组织整体履职情况进行考核，以突出办案组织的特性，促进形成办案组织的凝聚力、向心力。

3.完善激励保障措施。推进办案组织建设，要落实检察官以及检察辅助人员职业待遇保障，对办案组织提供人员、装备、技术等保障。同时，还要制定激励措施，激发办案组织的活力。激励措施应以办案组织为对象，不以办案组织中的个人为对象，以强化办案组织的团结与协作，增强组织归属感、认同感。此外，还要加强政策指引，引导检察人员坚定改革信心，形成改革共识，调整好心态，支持配合办案组织开展工作，营造有利于工作开展的软环境，这在推进办案组织建设过程中尤为重要。

实行捕诉合一办案工作机制的探索与思考

——以上海市浦东新区张江地区人民检察院试点工作为例

张锦潮等★

在深化司法改革的背景下，如何优化和实现司法职权的有效整合和科学配置，从而快速有效地揭露和指控犯罪，已成为检察机关亟待研究解决的重要课题。当前，各级检察机关按照最高检的统一部署和要求，以内设机构改革为契机，全面实行"捕诉合一"办案工作机制（以下简称"捕诉合一"机制）改革，以有效整合捕诉力量，确保检察权的高效运行。由于"捕诉合一"机制改革刚刚起步，笔者现以上海市浦东新区张江地区检察院（以下简称"张江院"）试点状况为研究样本，从理论和实践层面，就检察机关实行"捕诉合一"机制改革浅谈管见，以期对深入推进此项改革有所裨益。

一、张江院探索开展"捕诉合一"机制试点工作情况及主要成效

张江院于 2018 年 4 月 23 日在全院开展"捕诉合一"机制试点工作，通过加强检侦对接、全程跟踪、严格证据标准、把控案件风险等举措，及时应对"捕诉合一"机制改革试点中出现的问题，工作成效初步显现。

（一）加强检侦对接，提升办案效率

一方面，要求案件承办人在审查逮捕阶段深入了解案情，并结合案件具体情况加强捕后跟踪，及时引导侦查取证；另一方面，案件移送起诉后，要求承办检察官注重对案件的事实、法定情节的审查，有效避免重复劳动，审结案件时间大大缩短，案件退补情况明显减少。据统计，2018 年 4 月 23 日至 5 月 31 日，张江院受理起诉案件 158 件 185 人，审结案件 173 件 215 人，审结率与去年同比提升 2%。

（二）加强全程跟踪，体现监督效果

实行"捕诉合一"机制后，承办检察官通过全程跟踪侦查活动，严格落实非法证据排除规则，及时发现侦查活动不规范问题。此外，通过严格把控追捕和追诉之间的合理平衡，有效避免了因追捕后被判处拘役或宣告缓刑导致追捕质量不高情况的出现，更加有利于加强对侦查机关捕后改变强制措施的监督实效和力度。2018 年 4 月 23 日至 5 月 31 日，张江院共追捕、追诉 7 件 8 人，监督撤案 17 件 20 人，监督立案 1 件 1 人，发出纠正违法通知书 6 件，制发一类问题通报 1 份，监督工作成效明显提升。

★ 本文为上海市浦东新区人民检察院 2018 年重点调研课题"捕诉合一办案机制改革工作研究"的阶段性成果，课题组负责人：张锦潮，上海市浦东新区人民检察院副检察长；课题组成员：潘建清、严忠华、应悦、孙昱东、崔现伟、成月华、向倩。

（三）严格证据标准，确保案件质量

实行"捕诉合一"机制试点工作以来，张江院秉承"谁捕谁诉"的原则，要求案件承办人在审查逮捕环节自觉提高案件审查精细度，在考察案件是否符合逮捕条件时，提前考虑捕后证据补强问题，在证据把握上以起诉标准引导侦查取证，进一步严把公诉案件的"入口关"。同时，承办检察官在对案件作出批捕决定时，通过制发补侦提纲，要求侦查机关继续补充侦查的案件数量大大增加。

（四）把控涉案风险，扩大办案效果

实行"捕诉合一"机制后，张江院要求承办检察官除了全程追踪案件办理进程之外，更加深入了解案件背景、细节，从而及时化解社会矛盾、把控涉访风险，促进息诉罢访。如该院在办理赵某某故意伤害案中发现，犯罪嫌疑人、被害人系兄弟且均为老人，犯罪嫌疑人坚称事出有因不愿赔偿，而被害人则坚决要求司法机关严惩犯罪嫌疑人。基于犯罪嫌疑人家中尚有80多岁的母亲常年卧床需要照料，承办检察官经多方走访、沟通调解，在批捕阶段对犯罪嫌疑人作出不捕决定，并在起诉、庭审阶段积极促成双方和解，努力实现办案效果的最大化。同时，对办理强奸等涉及隐私类型案件中，由同一检察官与涉案被害人接触，更好了解当事人的心理变化和真实诉求，有效防止了因更换承办检察官给被害人带来的"二次伤害"。

二、开展"捕诉合一"试点工作中面临的挑战

检察机关全面实行"捕诉合一"机制改革是对"捕诉分离"办案模式的反思和革新，要求检察机关在审前承担更加突出的主导作用，并强化对刑事诉讼活动的全程法律监督，从而势必要求检察机关在队伍素质、办案模式和资源配置等方面进行重构和革新。

（一）对检察队伍业务能力的挑战

首先，要提高把握逮捕标准的能力。逮捕是限制人身自由的强制措施，逮捕权行使不当可能会走向两个极端：一是该捕不捕，不能以起诉证据标准审查逮捕案件，从而人为地提高逮捕条件，导致不捕率提高，影响对刑事犯罪的打击力度；二是滥用逮捕权，为了使办理的案件顺利起诉，够罪即捕、以捕代侦，影响案件的整体质量。

其次，要尽快适应出庭要求。一是尽快适应案件流程，包括受理、告知、退补、延长、结案、出庭等各个环节。二是树立全面审查意识，不仅需要审查定罪证据还要审查量刑证据，既要对罪与非罪作出正确判断，还要准确认定罪名、精准提出量刑建议。三是提升出庭应变能力，按照庭审举证、质证及辩论要求，全面提高出庭支持公诉能力。

再次，要提高综合协调能力。一是对办案节奏的适应能力提出挑战。实行"捕诉合一"机制后，检察官既要适应起诉的"精准性"，又要适应批捕"快节奏"，并需要在两个"频道"间不断切换进行"变速跑"。因此，如何平衡不同案件的轻重缓急，有条不紊地处理捕诉案件，需要智慧和经验。二是对办案与监督"两手抓"的工作能力提出挑战。检察官既要办理好案件，也要防止疲于应付办案而忽视法律监督工作。由此，在大部制改革背景下，应注重协调好办案与监督的关系，确保法律监督工作力度不降、标准不减、效果不弱。

（二）对现有办案模式的挑战

对现有办案组织的挑战。一是实行"捕诉合一"机制，要求对内设机构进行合理规划和调整，才能更好地适应工作要求，满足职能需要；二是需将批捕、公诉部门人员进行优化搭配，使其发挥更大作用；三是现有的办案模式因"捕诉合一"带来的工作变化，不能适应现有的办案节奏。

（三）对司法资源配置的挑战

首先是如何科学合理分配案件的问题。实行"捕诉合一"机制后，如何将案件合理分配至检察官办案单元，真正实现"捕诉合一"，需要进一步明确分案规则，并在统一业务应用系统中得以顺利操作。其次是如何解决试行初期凸显的"人案"矛盾。从司法实践看，实行"捕诉合一"机制会有效缓解检察机关的"人案"矛盾，但在试行初期，面对持续高发的刑事案件，批捕、起诉人员常年超负荷工作，还要学习、消化和适应新的办案模式和工作节奏，使得"人案"矛盾更为凸显，需要在"捕诉合一"试行初期进行合理解决。再次是如何合理配置硬件资源的问题。实行"捕诉合一"机制后，批捕案件平均分配到每个检察官，提审、开庭等工作频率增加，办案工具包特别是扫描仪、电脑、打印机、车辆的配备明显短缺，如果硬件配备不全，一定程度上会影响办案工作的高效开展。

三、实行"捕诉合一"机制改革的思考

（一）探索工作机制，完善制度保障

1.强化对侦查机关重大疑难案件的提前介入。对辖区内的"重特大"、督办、舆情关注、疑难复杂等案件，由办案单元轮流提前介入侦查，并在办案系统内填写提前介入表，跟踪引导侦查并直接办理该案。同时，要求提前介入的检察官必须登记备案并向部门负责人口头报备，防止检察官在提前介入重大疑难复杂案件后因不申报而使案件进入系统内轮转。

2.加强与侦查机关、审判机关的协调衔接。"侦、捕、诉、审"各环节相互衔接，协调联动，才能确保司法权高效运转。因此，检察机关要与公安、法院及时会签《关于加强"捕诉合一"办案衔接工作机制实施意见》等规范性文件，通过召开"公检法"联席会、座谈会、研讨会等形式，及时建立情况通报和问题协商制度，有效解决"捕诉合一"中涉及的法律问题、程序性操作等问题，确保司法权权责明晰、运转规范。

3.明确案件分配机制。实行"谁提前介入谁办理、谁追捕追诉谁办理、同案犯由原案承办人办理"的原则，对未经报捕程序的直诉案件，由案件管理部门统一轮转分案。每个办案单元按照1:1的比例系数实行系统大轮转，部门负责人因承担案件的协调沟通工作，按照2:3的比例系数进行轮转。遇到人员调整、检察官长期休病事假等情况，则由案件管理部门统一分案或办案团队内部调剂。

4.强化办案设备保障机制。实行"捕诉合一"机制后，要针对承办检察官提审频次、文书扫描需求显著提高而现有设施设备难以满足办案需求的现状，秉持节约高效原则，及时梳理现有办案设备，统筹分配，积极引导错峰提审、扫描，协调形成以办案团队为单位的设备共享机制，最大限度保障司法办案的硬件需求。

（二）丰富培训形式，提升实战效果

1.加大教育培训力度。检察机关要结合实行"捕诉合一"机制的要求，及时制订近、中、长期教育培训计划，深入开展系统化和针对性的实务培训。如针对原侦监部门检察官欠缺出庭技巧及经验问题，适时组织开展观摩庭评议活动，提高检察官的出庭应对能力。

2.建立专题交流和互帮互学机制。定期开展"一人一案"经验教训分享会，由每个检察官选择一个办案效果突出或遇到困惑的案件进行交流，互相提醒，提高专业技能，做到"办理一案、提示一片"的辐射效果。

3.深入挖掘和运用检察官队伍的资源优势。选择和安排资深检察官，为办案人员重点解析批捕、公诉案件办理的工作流程、注意事项及应对"捕诉合一"试点工作中出现的非法证据排查、事实认定及法律适用等一系列问题的工作思路和方法，提高办案实战能力，确保案件质量。

环境资源案件办理难题及对策

——以江苏省6个市检察办案实践为视角

张登高　杨吉高　杨大为★

一、环境资源案件办理中的难题

近日，江苏省检察院研究室通过在扬州、南通、徐州等6个市书面调研地区收集30件典型案例进行实证分析，以及与基层一线干警交流，听取法官、公安干警、环保局执法人员意见建议，访谈环保研究所专业人员等方式，对全省检察机关办理环境资源刑事、民事和行政案件情况开展了专题调研。2017年，江苏省共批准逮捕环境资源犯罪嫌疑人405人，提起公诉2933人，比2016年分别上升135%和41%；提起环境民事公益诉讼案件32件、行政公益诉讼案件30件，比2016年分别上升433%和233%；索赔环境损害赔偿金、治理恢复费用1.88亿元，比2016年上升224%。同时，执法司法机关在办理环境资源案件中还存在不少瓶颈性、制约性的难题，环境保护仍然存在薄弱环节。

（一）环保行政执法取证难度较大

1.环境资源案件证据容易灭失。与一般案件相比，该类案件具有排污行为瞬时性、污染物易挥发和损害后果显现滞后性等特征，证据收集固定难度非常大。一旦证据在"第一现场"未收集到位，后期往往难以补充收集。2017年全省因初期证据收集不到位等原因导致环境资源案件不捕77人、不诉84人，分别占受理该类案件总数的12.9%和2.3%。

2.破坏环境资源行为隐蔽性强。一些破坏环境资源的作案人员蓄意隐藏或破坏证据，逃避监管打击。有的作案时间较为隐蔽，如镇江市金山地区检察院办理的一起长江非法采砂案，作案人员专门在深夜作案，每次盗采时间仅4小时左右，稍有警觉就撤离现场；有的将作案地点逐步由城区向农村转移，如苏州市检察院办理的一起"小作坊"系列非法排污案，排污的工厂从城区边缘向城乡结合部、农村地区转移，有的甚至直接在卡车上建"车间"生产，随时逃窜躲避检查；有的为避免留下现场证据，采取偷挖地洞等方式作案，如昆山市检察院办理的一起污染环境案，作案人员将未处理的含铬废水通过地洞直接排到下水管道，再扩散至作坊外草地上渗入地下，隐蔽性较强。

3.环保行政执法专业化水平不够高。这是调研中各地普遍反映的问题。由于行政机关现场执法时取证不够规范、专业化程度不够高，造成取证程序上的瑕疵、证据证明力上的不足，影

★ 张登高，江苏省人民检察院法律政策研究室副主任，全国检察机关调研骨干人才；杨吉高，江苏省人民检察院法律政策研究室检察官、专项业务组组长；杨大为，江苏省人民检察院法律政策研究室检察官助理。

响案件办理。如常熟市检察院办理的一起非法捕捞水产品案，行政查处时仅以言辞证据、绘制地图的方式固定了作案地点，缺乏其他客观性证据补强，到了审查起诉环节犯罪嫌疑人对犯罪地点提出异议，给指控犯罪带来了困难，最终作不起诉处理。

（二）环境损害司法鉴定瓶颈问题较多

1. 鉴定费用高，经费压力大。目前有资质的司法鉴定机构数量较少，一定程度上造成鉴定费用偏高，检察、公安机关存在办案经费压力，有的案件因此无法继续办理。如常熟市检察院在办理某电镀作坊污染环境公益诉讼案时，先后联系了4家鉴定机构，费用报价都在30—50万元之间，最终因为经费无法落实，只能将案件作终结审查处理。

2. 鉴定周期长，影响查处进度。环境损害司法鉴定往往需要花数月甚至1年多时间才能作出结论，带来了案件办理时间过长的问题。在30件样本案件中，作出司法鉴定的有13件，其中耗时6个月以上的7件，占53.8%。

3. 鉴定要求高，补充鉴定难。刑事案件调查取证多集中在犯罪事实方面，而民事行政公益诉讼案件诉请修复环境，需要进行精准鉴定，准确认定造成的实际损害。民行部门后续介入补证、二次鉴定往往难度很大，有些证据已经灭失的，最终可能无法成案。此外，个别鉴定意见权威性不够，影响查处效果。

（三）环境修复执行力度不够大、效果不够好

自2015年7月公益诉讼试点和2017年7月全国检察机关全面开展公益诉讼工作以来，江苏省检察机关共办理环境资源领域公益诉讼和支持起诉113件，完成生态环境修复的有11件，占9.7%；向污染企业和个人索赔环境损害赔偿金、治理恢复费用累计6.14亿余元，判决执行到位的7370余万元，占12%，环境修复执行总体情况不容乐观。影响因素主要有：

1. 环境损害赔偿金不能完全到位。环境修复所需资金往往数额巨大，一些破坏环境资源案件被告人家庭经济条件较差，被判处罚金、损害赔偿金后无力履行；有的污染企业以亏损为由，拒不履行环境损害赔偿义务，赔偿资金迟迟不能到位，修复工作陷入持久的"拖"和"磨"。

2. 环境修复责任主体不明确。作为原告的环保公益组织缺乏修复执行的动力和能力；法院执行部门多以执行款项到位为执行完毕标准，往往不愿牵头做环境修复执行工作；环境行政执法部门认为司法案件执行不是其职责范围，亦难以启动修复工作。如昆山市检察院办理的淀山湖垃圾填埋场污染环境案，2016年8月法院判决后被告已经一次性预付环境修复费用、补偿金等5200多万元，但是因为缺少明确的修复主体、各部门修复职责等规定，也无先例可循，至今没有实际修复执行。

3. 部分案件难以强制执行。在样本案件中，法院判决已经生效但无法强制执行导致环境资源不能及时修复的有5件，占比16.7%。如镇江市金山地区检察院办理的一起非法占用农用地案，被告人非法占用农用地建设老年公寓，法院判决时已有几十名老人入住，且这些老人已熟悉当地生活环境不愿搬迁，如果强制拆除，既不利于老人身心健康，又可能引发信访问题。

4. 修复评估验收机制不健全。调研中不少座谈人员反映，在案件诉讼流程完成后，环境修复结果由哪个机构来评估、何时评估、如何评估，目前均缺乏一套系统明确的评价方法和相应

的制度保障，一定程度上影响了修复效果。

（四）执法司法标准把握不够统一

1.环境损害后果认定标准存在分歧。"两高"《关于办理环境污染刑事案件适用法律若干问题的解释》中对"其他有害物质"没有说明具体范围。实践中各方对"其他有害物质"的认定标准把握不一，影响了损害后果认定。样本案件中有10件在损害后果、犯罪金额认定上存在较大分歧，占33.3%。如苏州市姑苏区检察院办理的一起非法倾倒施工废弃泥浆案，因无法认定废弃泥浆是否为"其他有害物质"，只能以事实不清、证据不足作出不批准逮捕决定。

2.破坏行为与损害后果之间的关联性难把握。环境资源案件中，破坏行为与损害后果之间容易有大量其他因素介入，因果关系的唯一性、排他性不易确定。而执法、侦查机关多偏重于行政处罚或者破案，对于其他因素介入问题也往往未作充分考虑，导致部分案件在证明关联性上达不到追诉标准。在样本案件中，承办人反映在因果关系认定上存在较大困难的有14件，占46.7%，其中由于因果关系认定存在疑点导致不捕、不诉的4件，占13.3%，影响了查处效果。如苏州市姑苏区检察院办理的一起污染环境案，已有证据证明某公司将二氯甲烷排至河中，但无法排除流域其他企业同时排放的可能性，最终该案作存疑不起诉处理。

二、对策建议

（一）进一步压实环保行政人员现场执法责任

一是加强环保执法人员规范化专业化建设，通过专业化培训、业务考核、专项督察等方式，促进环保执法人员严格按照现场执法流程和规定调取证据，最大限度避免在调查程序、样本选择、取证方法等方面出现瑕疵。二是探索建立环保行政执法现场调查取证同步录音录像制度，既增强行政执法的权威性和现场威慑力，又倒逼提升行政执法人员的证据意识和证据收集能力。三是继续坚持探索完善环保执法司法联动机制，分别从行政执法、刑事侦查、刑事公诉、民事公诉等多方面研究查办举措，形成环境监管合力。

（二）进一步完善环境资源司法鉴定机制

一是扩大鉴定机构范围。鉴定机构数量增多，才能形成有效竞争机制，倒逼其降低鉴定费用、加快鉴定进度、提升鉴定专业化水平。目前江苏省只有13个机构被列入省高级法院委托平台从事环境损害司法鉴定业务，建议进一步扩大环境损害司法鉴定机构范围，并相对均衡分布在苏南、苏中、苏北地区，便于各地执法司法机关就近委托鉴定。二是规范鉴定费用标准。建议由物价部门对鉴定机构价目表进行核准，合理确定收费范围与标准，并向社会公开。特别是对环境公益诉讼的鉴定费用，应采取区别于市场定价的鉴定收费模式，以略高于成本的标准确定鉴定费用，共同助推环境公益保护工作。三是建立检察机关刑事民事同步介入环境资源案件制度。分别从刑事案件与民行公益诉讼案件各自实际提出司法鉴定需求，最大限度避免补充鉴定、重复鉴定的现象。

（三）进一步加大环境修复执行力度

一是完善修复执行模式，多方协力推进修复工作。对公益诉讼达成民事调解、执行和解的修复，可由被告委托环保部门精准选择修复企业开展修复工作，环保部门负责专业指导，法院执行部门进行监督，辖区群众代表参与修复验收；对已经进入法院强制执行阶段的修复执行，可由司法机关牵头环保等部门建立专业的环境工程招投标代理人、环境修复企业、环境损害鉴定评估机构等信息库，从中公开选择第三方企业替代修复，确保判决履行到位。二是推动设立环保专项基金，为修复执行提供资金支持。早在2013年江苏省检察院、省高级法院就制定了《关于依法办理环境保护案件若干问题的实施意见》，对建立环保公益基金作了明确规定。建议尽快启动基金设立工作，将政府财政拨付、社会捐赠、环境案件民事赔偿和刑事罚金等全部纳入经费来源，统筹用于环境损害鉴定、修复、评估等工作。

（四）进一步统一环境资源案件执法司法标准

建议公检法以及环保等部门，定期就办理环境资源案件中遇到的情节认定、法律适用方面的具体问题进行研讨会商，以制发实施细则、会议纪要、专门批复等形式提出明确指导意见，及时帮助下级解决办案中的具体问题。例如，对于非法排污"暗管"的认定，可以参考其他地方的做法，明确规定：未经职能部门审批安装、规避监管的排放管道均属于"两高"司法解释中的暗管；利用隐蔽时段或隐蔽地点非法排放，属于广义上的以私设暗管形式排放。对于公益诉讼中一些地方法院主张损害赔偿请求数额化的要求，出于损害修复资金随行就市、存在市场价格涨幅因素的考虑，可探索将具体赔偿数额留待执行阶段评估确定，以保障诉讼程序顺利进行。

检察长列席人民法院审判委员会会议制度之完善

——基于J省近5年司法实践的考察分析

尹孟良★

2018年6月11日，最高人民检察院检察长张军首次列席最高人民法院审判委员会。这对于进一步完善检察长列席人民法院审判委员会会议制度具有重要意义。为推动检察长列席法院审委会会议制度创新发展，笔者对J省三级检察院2013年至2017年检察长列席法院审委会会议情况开展了一次全面调研。

一、检察长列席审委会会议基本情况

（一）列席审委会会议年度分布情况

2013—2017年，J省三级检察院共列席同级法院审委会会议4177次，其中，2013年列席352次，2014年列席427次，2015年列席838次，2016年列席1063次，2017年列席1497次。由统计数据可以看出，自2013年以来，J省三级检察院列席同级法院审委会会议次数呈逐年明显上升趋势。

（二）列席审委会会议审议内容情况

2013—2017年，J省三级检察院列席审委会会议审议的议题总数为4715件。其中，刑事案件4676件，占议题总数的99.17%；民事案件18件，占议题总数的0.38%；行政案件为零；重大决策13件，占议题总数的0.28%；其他议题8件，占议题总数的0.17%。在4676件刑事案件中，普通刑事案件3897件，占议题总数的82.65%；职务犯罪案件779件，占议题总数的16.52%。由统计数据可以看出，列席审委会会议审议的议题中，刑事案件特别是普通刑事案件占比较高。

（三）列席审委会会议人员情况

2013—2017年，J省三级检察院列席审委会会议的总人数为5588人次。其中，检察长879人次，占总人次的15.73%；受检察长委托的副检察长2102人次，占总人次的37.62%；受检察长委托的检委会专职委员190人次，占总人次的3.40%；以助手身份参与列席的部门负责人1274人次，占总人次的22.80%；以助手身份参与列席的承办检察官1143人次，占总人次的20.45%。由统计数据可以看出，列席审委会会议的人员中，受检察长委托的副检察长列席的人次最高，其次为以助手身份参与列席的部门负责人、承办检察官。

（四）检察机关意见被法院采纳情况

2013—2017年，在J省三级检察院列席审委会会议审议的4715件议题中，检察机关提出的

★ 河北省人民检察院法律政策研究室检察官助理。

3710件意见被法院采纳，占议题总数的78.69%；检察机关提出的877件意见未被法院采纳，占议题总数的18.60%；检察机关提出的意见法院未明确采纳与否等其他情形128件，占议题总数的2.71%。由统计数据可以看出，在列席审委会会议中，检察机关提出的意见大部分被法院采纳。

二、检察长列席审委会会议工作中存在的问题

（一）各级、各地检察院列席审委会会议工作开展不平衡

主要表现在以下三个方面：一是省、市、县三级检察院列席情况不平衡。2013—2017年，省检察院列席审委会会议51次；11个设区市检察院列席审委会会议13次，平均列席次数仅为1.18次；186个基层检察院列席审委会会议4113次，平均列席次数为22.11次。从平均列席次数来看，设区市检察院列席次数与省检察院、基层检察院差距较大，工作开展不理想。二是各基层检察院列席情况不平衡。以C市检察机关为例，2013—2017年，列席最多的检察院达52次，列席最少的检察院仅4次。三是部分基层检察院每年列席情况不平衡。从统计数据看，省检察院、设区市检察院每年列席次数变化幅度不大，但部分基层院每年列席次数变化较大。

（二）列席审委会会议的人员不规范

最高法、最高检《关于人民检察院检察长列席人民法院审判委员会会议的实施意见》（以下简称《实施意见》）第一条规定："人民检察院检察长可以列席同级人民法院审判委员会会议。检察长不能列席时，可以委托副检察长列席同级人民法院审判委员会会议。"由此可以看出，列席法院审委会会议的人员应当是检察长或副检察长。但在实践中，由于检察长、副检察长事务繁忙，很多情况下没有时间和精力列席法院的审委会会议。如，2013—2017年，省检察院的检察长、副检察长均没有列席过法院的审委会会议；各设区市检察院的检察长也没有列席过法院的审委会会议；基层检察院虽有检察长列席法院的审委会会议，但检察长列席的人次仅占列席总人次的15.95%。

（三）列席审委会会议的程序不统一

主要表现在以下三个方面：一是启动程序不统一。在列席审委会会议的程序启动上，大部分检察院被动等待同级法院的列席通知；有的检察院会对某些抗诉的案件、与法院有重大分歧的案件主动提出列席法院审委会会议的要求；也有的检察院通过与法院沟通、协商的方式决定是否列席法院审委会会议。二是准备程序不统一。有的检察院在接到法院列席审委会会议的通知后，会主动联系审委会会议审议议题的相关部门或人员，拿出书面意见供列席人员参考；而有的检察院只是简单地将列席审委会会议的通知告知列席人员。三是发言程序不统一。实践中，有的列席人员是在法院承办人汇报结束、审委会委员发表意见之后，审委会会议主持人总结之前发言；有的列席人员是在法院承办人汇报结束后就发表意见；有的列席人员则是在法院审委会会议结束之后，以书面形式提出意见。

三、完善检察长列席审委会制度的建议

（一）明确职责定位

在列席审委会会议中，检察长是以国家公诉人的身份还是以国家法律监督机关代表的身份

进行法律监督，亦或兼具国家公诉人和国家法律监督机关代表的双重身份进行法律监督？调研中，笔者发现，很多检察院在落实检察长列席审委会制度中，只注重谁去列席审委会、列席了几次审委会，而对检察长在列席审委会会议中的职责定位缺乏应有的思考。笔者认为，国家公诉人身份应该在控、辩、审三方均在场的完整诉讼结构中出现，而在法院审委会会议中，检察长应以国家法律监督机关代表的身份列席。监督的内容应当以程序性监督为主，如法院审委会委员是否违反回避规则、审委会委员是否符合法定人数、承办人的汇报是否全面客观、审委会表决是否违反民主原则等。

（二）完善议题范围

《实施意见》第三条规定，人民法院审判委员会讨论下列案件或者议题，同级人民检察院检察长可以列席：（1）可能判处被告人无罪的公诉案件；（2）可能判处被告人死刑的案件；（3）人民检察院提出抗诉的案件；（4）与检察工作有关的其他议题。随着司法环境的变化特别是司法责任制改革、公益诉讼的全面推行，法院、检察院的司法权力运行模式、司法办案模式、共同关注的案件类型等都已发生了变化。在此背景下，列席审委会会议审议议题的范围应当作出调整。一是建议对"可能判处被告人死刑的案件"进行限制，将该类案件限定在与检察院在事实、证据和法律适用上有重大分歧的范围之内。死刑虽然是极刑，事关重大，但若案件事实清楚、证据确实充分且法律适用准确，法院与检察院又没有争议，则没有必要邀请检察长列席审委会会议审议该类案件。二是建议增加"与检察院在事实、证据和法律适用有重大分歧的民事、行政案件"。通过前面的分析可知，民事、行政案件在列席审委会会议审议议题中的比例极低。但在司法实践中，每年都有相当数量的民事抗诉案件和行政抗诉案件进入法院审判程序。以2017年为例，J省检察机关民事裁判结果监督类案件提请抗诉384件，提出抗诉131件，提出再审检察建议152件；对行政审判程序中的违法行为提出检察建议70件，被法院采纳55件。同时，随着检察机关提起公益诉讼在全国的全面推开，民事、行政公益诉讼案件也会有大幅度的增加，而且公益诉讼案件具有案件类型新、社会关注度高、法律适用争议多等特点，法院与检察院容易在此类案件上发生分歧。

（三）健全配套制度

一是完善列席审委会的人员范围。在检察官办案责任制背景下，检察长通过授权的方式将案件的大部分处理决定权赋予了检察官。因此，有必要对列席审委会人员的范围进行拓展，具体包括：检察长，受检察长委托的副检察长、检委会专职委员、承办检察官。让承办检察官列席审委会，也能在很大程度上解决检察长、副检察长因公务繁忙没有精力列席审委会的问题。二是明确审委会会议告知的时间、方式及议题材料要求。法院应当在审委会会议召开2日前，以书面形式告知会议召开的时间、地点、议题内容，并附送议题副本一套，有条件的地方可以通过政法网附送电子版议题材料。三是建议修改检察院列席人员的发言顺序。《实施意见》第七条规定，可以在法院承办人汇报完毕后、审委会委员表决前发表意见。笔者认为，可以进一步明确规定，检察院列席人员应当在承办人汇报完毕、审委会委员发表意见之后，审委会委员表决之前发表意见。四是建立列席审委会会议反馈机制。为保证检察机关法律监督的有效实施，审委会会议结束后，法院应当将会议纪要抄送检察院。

派驻检察室运行机制研究

任 兵 宋 佳 李建良*

人民检察院组织法修订草案明确了检察室作为人民检察院派出机构的法律地位，在少数特定场所设置检察室，有利于开展法律监督工作。我们以河南省郑州航空港经济综合实验区检察院检察联络站为例，对其存在的突出问题、重要作用进行梳理，并尝试提出适当的设置模型。

一、研究模型概况

派驻检察室（包括检察联络站）是基层检察院在所驻地城区以外的乡镇、城区内街道、监管场所、林场等地方设置的在其领导下进行工作的派出机构，以便更好地履行宪法赋予的法律监督职责，加强对基层执法活动的监督力度，实现监督的全覆盖。

我们通过设计发放调查问卷与实地走访调研相结合的形式，对郑州航空港实验区检察院派驻的4个检察联络站设置运行情况进行了分析梳理。在设置模式上，有3个站（北区联络站、东区联络站、南区联络站）在辖区内办事处设置检察联络站，1个站在重点企业设置检察联络站，在全区范围内开展相关检察工作。在组织构架上，北区、东区和南区联络站由区检察院诉讼监督局负责管理与考核，另外1个站由区检察院刑事检察局负责协调。在人员配备方面，由1名正科级检察官兼任总站长，每个检察联络站由1名站长（副科级检察官兼任）、2名专职或兼职干警与"六大员"（民行联络员、预防犯罪联络员、法治宣传员、社区矫正员、纠纷调解员和信访联络员）组成。联络站相关经费由检察院支付。

二、运行机制建设方面的不足

（一）组织架构不科学，影响职能发挥

调查中显示，重点乡镇和产业集聚区设立了检察联络站，并划分了分管区域，实现了全覆盖，但同时暴露出人员匮乏的问题，只能由派出检察院部分干警兼职履行职能。4个检察联络站中，仅1个站配备了2名干警专职履行职能，主要负责人虽然有职级，也均为兼职。根据问卷结果显示，兼职干警均表示检察院工作在日常工作中的占比超过50%，甚至有些干警把检察联络站工作当成"副业"。显然，这种情况与"派驻"的内涵不完全相符。此外，3个站由诉讼监督局负责管理，1个站由刑事检察局负责协调，没有统一设立机构管理，也使联络站缺乏规制。

---

* 任兵，河南省郑州航空港经济综合实验区人民检察院诉讼监督局局长；宋佳，伦敦玛丽女王大学2018级研究生；李建良，郑州航空港经济综合实验区人民检察院诉讼监督局干警。

（二）职能定位不明确，监督职责弱化

对4个检察联络站2014—2017年履职情况统计后发现，各检察联络站在职能定位上存在以下缺陷：一是监督职能"虚化"。大部分检察联络站定位为基层检察院职能的延伸或辅助，基本上只是承担诸如法治宣传、接待群众来访、参与综治等一些"软任务"，而对行政执法机关和司法机关开展法律监督的职能则很少落实履行，相关工作仅占检察联络站总工作量的0.8%。二是服务职能"异化"，检察联络站将相当一部分精力放在化解矛盾纠纷方面。四年中，来访群众咨询的问题属于检察机关管辖的占15.7%，化解的矛盾纠纷属于检察机关管辖的占7.4%，受理的举报、控告、申诉案件属于检察机关管辖的占12.5%。

（三）保障机制不健全，发展后劲不足

在4个检察联络站的人员配备方面，只有2名检察干警专职负责1个检察联络站的具体工作，其余均为兼职干警；从年龄看，工作经验丰富、业务能力强的30至40岁的干警相对缺乏，不利于工作的正常开展。另外，检察联络站相关费用皆由派出院内部调整支出，除干警的薪酬外，联络站办公、购置装备等费用没有纳入财政预算，各联络站几乎都有费用不够的难题。

（四）宣传效果不明显，公众认知度差

为了客观反映广大公众对于检察联络站的认知程度，课题小组随机向1000名群众与1000名企业员工发放调查问卷了解情况，共回收有效问卷1865份。结果显示，在四类派驻基层组织中，公众对于派出所普遍认知，其次分别是人民法庭和司法所，各有40.2%和32.2%，而知道检察联络站的群众仅有8.3%。在了解检察联络站的155位群众里，61%是从媒体报道中了解的，28%是听他人提到的，只有11%是从联络站举办的活动中了解的。群众对检察联络站的了解程度低，一方面因为其建立的时间较短，另一方面也和宣传方式有关。问卷调查显示，检察联络站的宣传方式主要有四种：一是以检察联络站大讲堂为载体，邀请法学专家、律师、教师为群众讲解法律问题，并发放宣传手册、调查问卷，宣传检察联络站；二是与医院联合开展义诊活动，设置法律咨询台，在为群众看病的同时发放宣传手册、调查问卷和乡村里的法律故事，征集群众对检察联络站的意见；三是通过接受媒体采访、向媒体投送稿件进行宣传；四是通过检察联络站手机APP、微信公众号实时报道检察联络站的活动，并在线接受群众法律咨询，宣传法律知识与检察联络站职能。根据问卷调查统计，微信公众号、手机APP等新兴媒体在联络站宣传中利用率未达到30%，且受众局限于青年群体。

三、完善运行机制的建议

人民检察院组织法修订草案将派驻检察室的设置纳入基本法律范畴，有利于加强对基层执法的监督，形成相互监督制约的基层司法运作机制。我们建议，在借鉴全国其他派驻检察室经验的基础上，构建"横向协作、纵向推动的五横八纵工作网络"，从纵横两个维度对派驻检察室（包括检察联络站）内部和外部职能关系作一个区分和理清，更大限度体现出其横向到边、纵向到底、点面结合的基本特征，也体现出派驻的基本理念。

（一）派驻检察室与内设机构的联系：横向协作

派驻检察室是派出院内设的一个综合机构，是检察机关内部资源的优化重组，在定位上属于综合业务部门，与其他内设机构处于平行发展的地位。派驻检察室在横向上必须与本院各业务部门联合，服务于各业务部门。从职责上看，与派驻检察室联系最多的是控申、公诉、侦监、民行检察和刑事执行检察等5个业务部门。因此，派驻检察室在横向上要重点与5个部门加强协作，形成横向联动（"五横"）。要实现"五横"对接，首先要对派出院各项业务工作职责进行综合、融合和整合，建立"1+5"一体化机制。

1.与控申部门协作搞好信访工作。通过日常接访、定期接访和巡防等方式，作好群众举报、控告、申诉基层接收工作，及时掌握信访动态，妥善解决合理诉求，及时化解基层矛盾，维护社会稳定。通过接访、开设宣传栏、发放法律书籍、开展讲座、警示教育、法律咨询等方式，全方位宣传法律知识，引导群众依法有序地表达诉求，防止和减少涉检信访案件的发生。

2.与民行检察部门协作开展公益诉讼工作。派驻检察室在走访、接访、座谈中了解大量的民情信息，及时将其移交民行检察部门，配合民行检察部门对生态环境和资源保护、国有资产保护、食品药品安全、国有土地使用权出让等领域侵害国家和社会公共利益的情况，及时提起民事或行政公益诉讼，加强对国家和社会公共利益的保护。

3.与侦监部门协作开展立案监督和侦查活动监督。定期或不定期监督派出所受理的治安、刑事案件报案、受案情况及办理情况，发现有案不立、不应当立案而立案、应当立案而不立案、以罚代刑以及违法办案等线索的，及时移送侦监部门开展监督。对在基层发现的派出所、法庭执法司法不公正、不规范等问题撰写并发出检察建议书，督促其改正。

4.与公诉部门协作做好文书送达及当事人和解、帮教工作。配合派出院公诉、未检部门，送达辖区相关法律文书；对辖区未成年犯罪嫌疑人开展社会调查，了解其成长经历、家庭背景、性格特点、学校社会评价等情况；对派出院决定相对不起诉和附条件不起诉人员，跟踪了解其工作生活情况和思想状况，开展帮教工作。配合公诉部门做好因邻里纠纷引发的轻微刑事案件当事人和解工作，促使双方减少对抗。

5.与刑事执行检察部门协作做好社区矫正监督工作。根据刑罚执行监督程序，监督辖区被判处管制、被宣告缓刑、被暂予监外执行、被裁定假释人员的社区矫正工作。每月检查监督交付执行活动、变更执行活动、解矫活动等矫正工作，防止脱管、漏管等情况。深入乡村走访，了解矫正人员的表现情况、思想状况和就业情况，有针对性地开展帮扶活动，及时将各种情况信息反馈给刑事执行检察部门。

（二）派驻检察室的职能范围：纵向推进

派驻检察室代表派出院开展工作，其履行职责所引起的后果由派出院承担，从权力配置和职权履行角度看，派驻检察室与相关单位之间属于监督与被监督的纵向关系。派驻检察室与辖区各办事处、派出所、法庭、基层企业、社区（村委会）、学校等单位，根据具体职能情况，采取不同的方式建立对接关系，形成"1+N"联动机制。

1.推动当地党委工作开展。派驻检察室要对下访接访和巡视中发现的容易引发社会矛盾的苗头性、倾向性问题以及社会管理中存在的突出问题及时调研、预测、研判和评估，做到早发现、早介入、早化解、早报告。及时发现农村中矛盾激化的因素和苗头，研究化解对策，依法向当地党委提出解决建议和预防对策，帮助政府部门依法行政。

2.推动涉检涉法诉求畅通。依托大走访活动，引导群众依法有序表达诉求，维护自身合法权益。建立定期和不定期巡回机制，深入了解农村社会热点难点问题，排查化解涉检涉法矛盾纠纷，搭建派驻检察室与辖区内群众沟通联系的桥梁。

3.推动社会治安防控体系建设。履行检察环节综合治理职能，开展民事案件、轻微刑事案件当事人和解等工作，平衡各种利益关系，促进社会和谐。监督审判机关、侦查机关和基层调解组织依法公正处理涉法涉诉信访等问题。

4.护航村（居）委换届选举。派驻检察室通过发放宣传资料、组织宣讲等方式广泛宣传选举法律法规和政策等内容，引导选民依法正确行使选举权，确保换届选举工作依法有序进行。对选举过程加强监督，确保"两委"选举"原则不变、程序不乱、步骤不少、环节不漏、合法有效"。换届选举结束后，对新当选的干部进行普法培训和犯罪预防教育，提高其法律意识和廉洁自律意识。形成选前调查、选中监督、选后培训的良好机制。

5.推动完善基层法律监督机制建设。通过与辖区派出所、法庭等建立信息共享、工作协作、巡查监督和联席会议等工作机制，进行法律监督，发现违法情况的，配合侦监、公诉等业务部门发出检察建议或纠正违法通知书进行纠正，促进规范公正执法，防止执法不当引发新的矛盾。

6.推动重点企业法治建设。在重点企业建立派驻检察室，每周定期巡防与适时介入事件处置相结合，为辖区重点项目建设提供及时有效的法律咨询和服务，帮助化解项目建设进程中产生的矛盾纠纷、群体性事件。受理项目建设工程中群众的来信、来访、申诉，依法监督项目建设中的不当行政执法行为，配合相关部门依法打击破坏重点项目建设的违法犯罪行为。针对可能引发矛盾纠纷的苗头动向和倾向性问题，向党工委和有关部门提出加强防范的对策建议，为项目顺利推进、企业健康发展保驾护航。

7.推动行政执法规范化。派驻检察室与各基层行政执法机关建立信息共享机制和联席会议制度，定期相互通报查处行政违法案件情况、移送涉嫌犯罪案件线索情况等，实现行政执法和刑事司法的信息共享和执法衔接。通过联席会议明确行政执法机关对涉嫌犯罪案件的移送程序，监督行政执法机关依法行政，确保惩治犯罪无死角。

8.推动依法治校。借助驻点优势，与未检部门联合开展"送法进校园"活动，选派优秀未检检察官到中小学担任法制副校长，与辖区学校开展长期合作。

在派驻检察室试点工作取得一定成效的基础上，建议将其纳入编制，配备专职的检察工作人员，以确保检察机关法律监督的专业性、规范性。同时，为保障派驻检察室正常运转，充分发挥职能，应积极争取政府部门的支持，将派驻检察室经费纳入政府财政统筹，由检察院统一调配，以确保办案和开展工作的所需费用，保障工作的独立性。

"食药环"领域刑事犯罪情况的调研报告

——以江苏省盐城市检察机关办案实践为样本

姚　图　孟庆松　孙　平★

食品、药品和环境安全（以下简称"食药环"）既是最基本的民生问题，也是重要的公共安全和政治问题。妥善处置突发食品药品和环境领域公共安全事件，依法打击食品药品和环境领域违法犯罪、维护公共安全是检察机关应尽的职责。本文对近3年江苏省盐城市检察机关办理的"食药环"案件进行分析研判，剖析此类案件的基本情况、特点及案件办理中存在的主要问题，进而提出相应的对策建议。

一、检察机关办理"食药环"领域刑事犯罪基本情况

2015年1月至2017年12月，江苏省盐城市检察机关受理审查逮捕"食药环"案件54件112人，批准逮捕47件79人，不批准逮捕19件49人；受理审查起诉"食药环"案件405件891人，提起公诉353件751人，不起诉6件11人。具体情况见下表。

2015年1月—2017年12月盐城市检察机关办理"食药环"案件数据统计

诉讼程序 ＼ 案件类别	食品案件 件	食品案件 人	药品案件 件	药品案件 人	环资案件 件	环资案件 人	相关案件 件	相关案件 人	总计 件	总计 人
受理审查逮捕	10	21	20	28	24	63			54	112
批捕	8	10	16	22	23	47			47	79
不捕	2	6	5	7	12	36			19	49
受理审查起诉	62	125	33	134	309	630	1	2	405	891
提起公诉	41	73	32	119	279	557	1	2	353	751
不诉	4	6	1	1	1	4			6	11
判决	33	49	19	65	178	354	1	2	231	470

★ 姚图，江苏省盐城市人民检察院副检察长；孟庆松，盐城市人民检察院法律政策研究室主任；孙平，盐城市亭湖区人民检察院检察委员会专职委员。

此类案件主要有以下几个特点:

一是案件数量整体呈逐年上升趋势。食品、药品类犯罪案件和环境资源类犯罪案件一直处于多发状态,增量明显。2016年提起公诉129件245人,比2015年增长了89.7%、54.1%,2017年提起公诉156件347人,比2016年增长了20.9%、41.6%。其中,环资类案件数量占比较大。近3年环境资源类案件共提起公诉279件557人,占"食药环"案件提起公诉数量和人数的79.0%、74.2%。

二是犯罪诱因多为利益驱使。此类犯罪涉案人员通过购买低价的食药原材料,添加国家明令禁止的甚至是有毒有害的非食品原材料压缩成本,以污染和破坏环境为代价降低生产成本,以此追求回报收益。

三是犯罪手段趋向网络化。在"食药环"案件中,犯罪分子通过建立网站、微信群吸引客户,利用网络进行宣传,大肆进行假药、劣药销售。如盐都区检察院办理的李王军销售假药案,犯罪分子在QQ群发布消息,通过淘宝店铺进行网络销售和支付,再用中通、申通等物流公司发货给买家,涉案人员遍及全国十多个城市。

二、"食药环"领域刑事犯罪案件办理中存在的主要问题

(一)在案件发现方面

一是"食药环"领域犯罪行为主要发生在家庭小作坊和小型私营企业,经营模式呈现"低、小、散"特点,生产场所和犯罪手段较为隐蔽,犯罪行为难以被及时发现。二是网络通信、电子支付、快递物流的发展增加了查处难度。犯罪嫌疑人往往通过电话、网络进行销售,利用银行汇款进行资金交易,利用快递进行寄送,犯罪行为更加难以被察觉。三是行政执法和刑事司法衔接不畅,导致案源相对较少。司法实践中,"食药环"犯罪案件线索主要来源于群众举报和自行摸排发现,行政执法机关的线索移送积极性不足,对"两法衔接"平台重视程度不足,制约了司法机关充分履行职能。

(二)在证据收集方面

1.取证难度大。一是食品药品领域犯罪呈现出产销分离、被害人分布广、数额认定方式复杂等诸多特点。有些案件因无法确认犯罪嫌疑人的真实身份而无法查证,特别是在实体销售中大部分为零散人员,无法全部核实,使得取证难度加大。二是环境污染犯罪案件中,犯罪嫌疑人多将污染源埋藏在废弃池塘、河边等不易被发觉的地方,调查发现往往存在一定的滞后性,当场发现、查获的较少,执法部门难以在第一时间提取污染物的样本。

2.鉴定检测难。一是受鉴定机构制约。实际工作中,有资质的鉴定机构少,而且大多检测能力不足,制约了侦查办案的正常开展。二是受鉴定对象制约。食品药品和环境污染犯罪案件涉及的鉴定物有相当部分易腐烂、易调换,而检材不完整、不真实、不充分问题,将严重影响鉴定意见和案件侦办结果的真实性。三是受鉴定标准制约。当前,食品药品和环境犯罪鉴定缺乏统一标准,很多鉴定物本身没有行业标准,现有标准相对较少且近30%是10年前制定的,而新推出的标准很多是推荐性标准,强制力不足。同时,公检法三机关对犯罪所得的认定也缺乏统一标准,影响案件处理结果。四是受鉴定周期制约。很多鉴定的周期较长,在法定期限内

难以作出结论，影响办案进度。五是受鉴定技术制约。对化学合成物和其他未知物有害成分的检测能力差，特别是对滥用食品添加剂缺少科学有效的检测手段，很多违法添加的物质难以检测。

3.行政执法证据存在瑕疵。一是行政执法与刑事司法证据标准不统一。相当一部分行政执法证据低于刑事证明的要求，往往存在证据收集不全、证据证明力不足等问题，补正、重新收集的难度很大，阻碍刑事审查顺利进行。二是行政部门在执法取证过程中存在不规范问题。特别是在环境污染领域，部分工作人员对证据固定不规范，对环境危害结果估算不科学，导致公安机关在介入侦查时，证据流失现象严重，削弱了生态环境犯罪的打击力度。

（三）在案件侦办方面

"食药环"领域刑事犯罪涉及多个行业，办案的专业性要求较高，而当前"食药环"案件专业化办案队伍还不够壮大，对取证的方向、完整性与规范性等问题把握不够清晰，审查证据、引导侦查的能力还有所不足，特别是在环境污染案件的办理中，办案人员往往因为缺乏环保专业知识，对鉴定意见不进行全面审查、分析，可能导致对案件办理过程中发现的矛盾之处无法合理解释。

（四）在违法责任追究方面

1.存在"以罚代刑"现象。"食药环"领域案件办理涉及多个部门，各职能部门之间存在分工不清、信息交流不畅甚至推诿扯皮现象，一些单位或部门受自身利益驱动，往往进行"以罚代刑、降格处理"。还有些行政监管部门和行政工作人员法律观念淡薄，缺乏工作主动性和担当精神，对一些应移交司法机关的案件只作行政处罚，敷衍了事，导致刑事打击力度不够。

2.刑事处罚较轻。2015年至2017年，全市检察机关办理的"食药环"案件中，已判决的470人中有141人宣告缓刑，占30%。当前"食药环"案件刑事处罚力度较轻，违法成本较低，难以充分发挥震慑、教育作用。

3.污染案件追偿难。环境资源类犯罪造成的经济损失包括直接经济损失和间接经济损失，前者主要是水产品等因污染环境而造成的损失，后者主要指修复环境需要支出的费用。而环境污染源主要是从发达地区转运的工业垃圾，涉案人员往往经济条件较差，没有足够能力实现环境污染修复，最终形成"企业污染、政府买单"的局面。

三、"食药环"领域刑事犯罪打防对策建议

（一）形成社会合力，加大打击力度

1.加强宣传，充分发挥群众监督作用。积极做好以案释法工作，充分利用新媒体广泛宣传法律法规，加强以案释法力度，提升社会公众依法保护环境资源和保障食品药品安全的认知度，引导和督促食品经营者诚信经营。同时建立"食药环"领域违法犯罪线索举报机制，对查实的线索加大奖励力度，配套建立举报人人身安全和信息保密制度。

2.加强协作，开展专项打击行动。行政机关、司法机关共同开展"食药环"案件专项打击行动，实现行政机关第一时间发现案情，公安机关第一时间介入侦查取证，检察机关第一时间介入引导侦查，审判机关迅速审理裁判的良性循环，提升打击犯罪的合力与效率。

3.加强监管，大力加强社会治理风险研判。针对药品的网络销售行为，建议行政机关要实行严格的实名登记制度，从源头上遏止无资质的企业和个人从事药品经营活动，净化药品生产和销售市场。要开展常态化巡查检查，积极整合食药监管、质监、工商等有关行政部门现有的相关信息，建立执法办案部门食品、药品、环境基础信息资源库，对小作坊、小餐饮、小企业实施严格的监管制度，加强"食药环"风险监测与评估。

（二）完善鉴定制度，强化证据认定

1.完善鉴定制度。一是建立鉴定机构。尽快成立单独的检验检测、鉴定评估机构或增加现有鉴定机构的鉴定权限，加大研究、制定各种边缘性和疑难性的"食药环"类案件检验检测、鉴定评估标准的力度，减轻司法机关的鉴定压力，提升办案效率。二是明确鉴定程序。由国家立法机关结合刑事诉讼法出台相关法律，规范检验鉴定程序，规定对关键物质的提取要通过拍照、同步录音录像等进行记录，加强对样品的送样、保存，防止因外部环境影响特性变化。三是明确鉴定期限。涉及检验鉴定周期长且又必须进行检验鉴定的疑难案件，借鉴关于精神病的鉴定规定，检验鉴定期间不计入办案期限。

2.修改入罪标准。一是针对生产、销售伪劣产品罪，适当降低入罪门槛，建立以犯罪数额、情节严重性为依据的多元化立案追诉标准，取消单纯以犯罪数额作为入罪门槛的设置。二是针对滥伐、盗伐林木罪，统一入罪标准。根据2000年11月22日最高法《关于审理破坏森林资源刑事案件具体应用法律若干问题的解释》第四条、第六条规定，两罪都是以数量多少作为衡量是否构成犯罪的主要标准，但都是以数值区间的形式规定，实践中对数值区间的入罪标准出现把握尺度不一致的情形。

（三）完善工作模式，提升办案质效

1.探索开展多元化办案模式。积极探索行政、民事、刑事多元化保护格局，重点探索开展公益诉讼调查，依托"两法衔接"平台，建立检察机关与行政机关信息共享平台，对"食药环"领域违法行为，通过督促起诉、检察建议等手段，监督相关部门履行职责，维护社会公共利益。

2.完善办案工作机制。对有影响的重大案件，检察机关要适时依法介入行政机关调查和公安机关侦查，围绕证据调取的完整性、侦查活动的合法性、案件定性等方面，引导调查取证，夯实证据基础。适时建立移送案件备案监督机制，认真办理不移送、不立案以及有关违法违纪的举报、投诉，主动走访工商、质检、税务等行政执法机关，对有案未移的要及时监督行政执法机关移送，对公安机关有案未立的要及时监督立案侦查。

3.积极推进队伍专业化建设。"食药环"领域犯罪存在"种类多、知识广、更新快"的特点，因此要继续推进队伍专业化建设，特别是要加强食品科学、药剂学、金融学方面的人才建设，通过强化实战培训，加深对专业知识、法律法规的掌握。要建立相对固定的"食药环"案件专业办案小组，通过邀请行业专家作专题辅导、司法机关与行政执法机关互派人员挂职活动，不断提升检察人员办理"食药环"案件的能力。

当前开设赌场犯罪的特点、成因及对策

赵美琦[★]

当前开设赌场犯罪已呈高发态势，屡禁不止，不仅助长了赌博活动，而且严重腐蚀了人民的思想、毒化了社会环境，破坏了人民群众的生活秩序，为了及时有效地遏制开设赌场继续蔓延，需要严厉查处和打击此类犯罪，笔者就四川省成都市龙泉驿区检察院办理的开设赌场案件进行调查和分析，并提出相应的治理对策和建议。

一、案件特点

2015年1月至2018年6月，龙泉驿区检察院共受理开设赌场罪案件194件284人，批准逮捕50件65人，提起公诉100件150人。经分析，案件呈现以下四个特点：

（一）涉案主体呈现"三多"特点

一是本地籍男性多，占八成以上。二是无业、低学历多，占85%以上。三是团伙共同犯罪多。小型赌场大多为3—4人，这些人有的既是老板又是工作人员。较大型的赌场，呈现"老板—管理人员—工作人员"的层级模式。

（二）乡镇地区是开设赌场的重灾区

67.5%左右的赌场开设地点在区内乡镇农村地区及城乡结合部区域。从赌博场所来看，44%的场所在半公开化固定地点，比如茶楼、游戏室、棋牌室等；30%的场所在小区的出租房或活动板房，隐匿在居民楼内、公路边，流动性大，查获难度大。此外，赌博机经营者还采取"化整为零"的方式，将赌博机安置在农村人流量较大的餐馆、超市、农家乐、菜市、商铺等处，吸引参赌人员，而这些地方的经营者为了招揽客人，同意摆放赌博机，纵容赌博行为。

（三）设赌方式多样

一是传统设赌方式多样，衍生新类型。二是电子赌博机占主要比例。在开设赌场的案件中，利用电子赌博机的案件占84%。赌场一般摆放多台赌博机供他人赌博，最主要的类型就是翻牌机和捕鱼机，原因是这类赌博机容易操作，共查获翻牌机388台、捕鱼机191台。三是网络赌博日益增多。当前通过网络开设赌场方式日益兴起，10%的案件是网络赌博，已经超过传统设赌数量。办理的网络开设赌场案件中，均通过无线网络连接国内网站，通过网络接受赌资，输入用户名和密码，然后通过押数字大小进行赌博，而且出现了用微信群外围参与时时彩进行押注赌博的案件。通过网络开设赌场不仅能短时间聚集赌客，且加快了赌博的蔓延速度。

★ 四川省成都市龙泉驿区人民检察院干警。

另外，部分开设赌场人员通过手机APP陌陌、微信等以"附近的人"功能来拉客参赌，不受空间范围限制，参赌人员流动性更强。

（四）黄赌毒易聚集滋生

从已办理的案件来看，开设赌场的犯罪嫌疑人通过以赌养毒的方式吸引赌客、容留赌客吸毒、非法持有毒品等的案件有22件，超过开设赌场案件总数的一成以上。通过提供低价或免费毒品的方式吸引赌客，赌场成了赌、毒犯罪的聚源地。如谢某某、邓某某涉嫌容留他人吸毒、开设赌场一案中，谢、邓二人不仅自身吸毒，并且为赌客免费提供冰毒吸食，生意好时还让赌客从当天的赌资中支付冰毒费用。另外，在2件案件中犯罪嫌疑人在开设赌场的场所还实施了容留卖淫的行为。黄赌毒几种犯罪行为交织，社会危害性较大，影响社会风气与治安。

二、案件办理的难点

（一）刑法规定不明确以及"以营利为目的"认定难等问题导致打击难

1.开设赌场罪与赌博罪中的聚众赌博外延交叉。刑法修正案（六）将"开设赌场"的行为单列为一个罪名，赌博罪中"聚众赌博"的四种情形包含组织3人以上赌博并从中抽头渔利等行为，与"开设赌场"中提供赌博场所、工具，并收取服务费用或抽头渔利，或设定赌博方式坐庄参赌等罪状外延有诸多交叉。从客观上分析，"聚众赌博"和"开设赌场"两种行为都可以为赌博提供一定的条件，如提供赌具、赌资兑付，虽然"开设赌场"的行为提供的条件更多，包括专门的平台和场地、筹码等，在时间和空间上也具有长期稳定性，但囿于实际办案过程中取证因素的影响，司法实践中对"聚众赌博"和"开设赌场"的区分仍不易把握。

2."以营利为目的"认定难，不利于惩处犯罪。由于刑法规定开设赌场罪必须以营利为目的，因此实践中除了对犯罪嫌疑人的供述、涉案物品、金额的分析判断外，难以提供充足的证据证明犯罪嫌疑人主观上有营利的目的。最高法、最高检《关于办理赌博刑事案件具体应用法律若干问题的解释》规定："不以营利为目的，进行带有少量财物输赢的娱乐活动，以及提供棋牌室等娱乐场所只收取正常的场所和服务费的经营行为等，不以赌博论处。"而随着棋牌室等娱乐场所的增多，如何区分其究竟是正常提供服务并收取服务费还是提供赌博场所来抽头渔利是一个复杂的问题，犯罪嫌疑人可以借提供棋牌室等娱乐场所而以非营利为目的来逃脱司法机关追究。

（二）孤证多、取证难导致证据链条不完整

1.孤证问题。开设赌场案件中幕后老板在逃现象十分普遍，经常抓获一名或两名开设赌场的犯罪嫌疑人，如果犯罪嫌疑人拒不承认，由于同伙在逃缺乏相互印证，往往无法指控犯罪嫌疑人。同时，有的私人开设的赌场缺乏账本等书证，支出管理比较混乱，无法查实营利数额，因而无法形成较为完整的证据链条，亦难以批捕或起诉犯罪嫌疑人。

2.网络设赌取证问题。网络开设赌场的案件，赌客和开设赌场老板缺乏现实接触，无法进行指认。并且，赌博网站为了逃避公安机关侦查，使用多个域名，租用多个服务器，参赌人员也是通过上级代理分发的指定用户名和密码才可以从隐蔽通道进入网站赌博，给侦查带来不小难度。此外，赌资的下注、流向和盈利返点等情况也依赖电子证据，而电子证据的提取较为困

难。如张某某涉嫌开设赌场一案，虽然公安机关已经提取了赌博平台的后台数据，证实了下注笔数和点数，但是仍然无法核实清楚每个点数所代表的金额，因此涉案赌资无法查明，无法形成完整证据链条。

（三）量刑轻缓、惩治力度小导致震慑难

通过数据分析，开设赌场罪总体上判决宣告缓刑比例逐年降低，但仍然维持在一个较高的比例，2017年为48.38%。刑法规定，开设赌场的，处三年以下有期徒刑、拘役或者管制，并处罚金；情节严重的，处三年以上十年以下有期徒刑，并处罚金。而司法实践中对开设赌场罪惩治力度小，大多处以拘役、宣告缓刑并处罚金，罚金在5000元以下的比例较大，难以起到震慑作用。

三、原因分析

（一）涉案人员存在自身局限性，社会关注不够

涉案人员多数文化水平低，没有正当收入来源或者收入较少，容易采取购买赌博机、参与开设赌场等犯罪行为来获取钱财。而相关职能部门对无业人员及低收入人群缺乏有效的管理和引导，对解决其生存及就业问题缺乏有力措施。

（二）犯罪成本低，管理轻松，利润高

开设赌场行为有的比较简单，只需要数千元购买赌博机即可，成本较低，并且自己负责上分，管理轻松。虽然表面上赌客有输有赢，实际上通过设置赌博机的输赢概率，往往输多赢少。而传统开设赌场类型，按照一定比例从赌注中抽头也稳赚不赔，获利极高。因此，开设赌场行为屡禁不止。

（三）基层精神文明建设滞后，乡镇居民娱乐活动少

一方面，随着农村城镇化的进一步推进，农民收入增加，农村生活水平日益提高，农民有更多的精神文化需求。另一方面，当前基层精神文明建设相对滞后，文化建设和社会发展脱节，加之农村娱乐设施少，娱乐活动存在形式单一、枯燥等问题，农民的休闲娱乐方式除了看电视和上网，主要就是打麻将、打扑克等活动。

（四）网络、手机社交平台兴起为犯罪提供便利

随着互联网技术日益发达，犯罪分子开设赌场已经不限于线下传统提供场所的方式，而转向利用互联网以及手机社交平台开设虚拟赌场，随时将各地的赌徒聚集在一起。这种方式操作简易、上手快，且突破了地域限制、交易便捷，能够迅速吸引赌徒。同时，网络开设赌场没有现实场所，隐蔽性强，执法机关检查和打击难度大。

四、对策及建议

（一）完善立法及司法解释，为办案提供明确指导

例如，对开设赌场罪的犯罪要件作出明确规定，就赌博罪中"聚众赌博"的犯罪形态进行区分，设定统一标准，以便实践认定；对如何认定"以营利为目的"作出规定，区分正常娱乐场所提供场地的经营行为和违法开设赌场的行为，就收取服务费的方式和比例、赌博的方式作

出具体规定，等等。以此为办案提供明确的指导，避免因法律规定的不完善导致打击不力。

（二）协调配合形成合力，强化打击力度

公检法三机关要分工合作，形成打击合力，严惩设赌犯罪。公安机关每年可以不定期开展2—3次专项行动，重点打击茶楼、茶铺以及民用出租房等场所，动作迅速、果断，力争端掉多数赌场窝点，同时提高技侦、网侦以及涉赌证据固定能力，以应对日益增多的网络设赌犯罪。对涉赌人员、层级较多，案情复杂的案件，检察机关应提前介入，引导公安机关全面取证，以确保证据收集的完整性，从而指控幕后开设赌场人员。法院应当根据法律规定严格控制拘役和缓刑的适用，加大罚金刑的力度，提高犯罪成本，降低再犯罪的可能性。

（三）建设社会监控网络，加大综合监管力度

公安机关可设立举报奖励制度，对外公开举报电话及信箱，建立警务平台，设立官方账号，接受群众匿名举报，让群众参与"微执法"；派出所应当对辖区内的茶楼、农家乐、酒店、空置房屋等加强监控和管理，杜绝其成为地下赌场；网络监管部门应当加强对网上赌博活动的监控，及时查找并打击赌博网站，找出网络终端，抓捕幕后庄家。同时，加强公安、治安、联防等部门之间的配合，发挥社区组织和民间团体的作用，将禁赌、禁毒、禁黄纳入社会治安防控重点工作，实行群防群治，做到随时全面监控。

（四）拓宽就业渠道，着力精神文明建设和法治教育

政府职能部门应加强对本地无业人员、农村剩余劳动力及外来农民工的管理和引导，充分重视就业问题，拓宽就业渠道，进行职业技能培训和就业市场信息指导，对生活困难者给予帮助和支持；加强基层精神文明建设，加大文化设施建设力度，引导群众参加积极向上的文体活动；强化农村法治教育，增强农民抵制赌博、设赌犯罪的意识，采用接地气以及广大群众乐于接受的方式，有针对性地深入基层进行法治宣传和禁赌教育，以震慑犯罪和教育群众。

司法责任制改革背景下
案件流程监控工作调研报告

任　萍　韩晋丽★

本轮司法责任制改革对检察权运行机制进行了较大范围的调整。从检察权运行角度来看，最主要体现是权力运行的去行政化。在权力下放和管理扁平化双重改革叠加的情况下，如何加强对司法办案活动的监督管理，加强对检察权运行的控制，从而达到放权与控权、自主决定和监督管理之间的平衡，确保案件程序正义、实体公平？我们认为，进一步加强案件流程监控是积极有效的手段方法。通过对山西省太原市A区和B区检察院案件流程监控工作情况实地调研，我们对如何深度发挥案件流程监控作用促进司法规范化建设进行探讨。

一、案件流程监控做法

（一）构建制度化监控体系，实现全面规范监督

实行新的司法办案机制以来，A区检察院进一步加大流程监控力度，在原有"立体式"流程监控框架中，坚持院领导、部门负责人、流程监管员和统计员"四级巡查"制度，注重与受理审核、送案审核、案件评查、数据生成、结果通报五个方面相结合，实现了对网上办案活动的"全面、全程、规范、动态"监督。A区检察院检察长亲自办理流程监控案件，以上率下带头监控，打消了案管人员对案件监督管理的畏难情绪，促进了流程监控工作的高效开展。B区检察院实行专业化流程监控工作方式，由多年从事侦监、公诉等刑事检察业务工作的检察官担任专职流程监控人员，以人员专业化提升监督规范化。

（二）加强案管职能融合，通过信息互通增强合力

A区、B区检察院基本形成了案管前台受理审核、送案审核、统计信息审核与流程监控较好结合工作模式，各岗位间信息互通，流程监控工作的及时性和针对性有所提升，最大限度发挥了各岗位、各职能间的深度融合效用。

（三）依托检察官工作情况通报制度，提升监督实效

将监控工作反馈与全院检察业务工作例会制度相结合，A区检察院依托检察业务月度分析会议机制，B区检察院依托每周召开的全院工作例会，分析说明流程监控、送案审核中发现的问题，重点将在流程监控中发现的普通性、规律性问题同具体办案部门进行集中、当面反馈、认领，不仅提高了工作效率，也更易引起办案部门和办案检察官的重视，提升监督实效。

★ 任萍，山西省太原市人民检察院检察委员会专职委员；韩晋丽，太原市人民检察院检务管理部检察官。

二、需要改进的方面

（一）监控时效性有待进一步加强

实践中，个别单位存在监控不及时的情形。流程监控是针对检察院正在受理或者办理的案件的办理程序是否合法、规范、及时、完备，进行实时、动态的监督、提示和防控，其时效性至关重要，一旦案件办结或案件流程流转至下一节点，往往因"时过境迁"部分程序性瑕疵或不规范问题无法及时予以纠正或补救。监控不及时，效果会大打折扣。

（二）监控规范性有待进一步提升

有的单位针对发现的程序性瑕疵、文书错漏等不规范情形，存在监控方式不够科学、规范以及流程监控案件案卡信息填录不详细、不规范的问题。如有的只填写了监控信息，违规情形未填写；有的只概括说明了不规范情形，没有列明具体的依据理由。

（三）监控结果深度运用上有待进一步加强

一方面，未形成定期通报的规范制度。全市仅个别院建立了流程监控定期通报制度，有的检察院仅在案管工作情况中概括说明本院案件监控情况，没有列明具体案件名称和发现的问题。另一方面，重通报轻分析。目前的通报更侧重对监控案件信息的罗列，对监控情况的全面梳理、深入分析研判则比较薄弱。专职流程监控人员在履行监督、管理、指导职责的同时，对存在问题和改进方法的汇总、分析有待加强。

（四）信息互通凝聚监督合力上有待进一步加强

A区、B区检察院在案管前台受理审核、送案审核、统计信息审核和流程监控工作的信息共享、配合支持方面做得较好，基本形成了良好的工作模式。太原市其他检察院在监控信息互通上虽有探索，但未形成固定、规范的工作模式和机制，仍依靠具体岗位人员间的偶然式沟通、随机式交流，有些信息未及时传导，错过了监控的最佳时间点。

三、改进工作的思路建议

完善案件流程监控工作，除了重视流程监控时效性，提高工作主动性和及时性，还应做好以下方面：

（一）强化自身规范化建设，以规范化提升监控权威

一是规范流程监控系统操作和信息填录，详细列明发现的问题及依据，客观记录监控工作信息，做到有理有据。同时，要注重监督管理与服务司法办案并重，对发现的问题及时与检察官交换意见、充分沟通，争取共识，确保监督效益最大化。二是严格落实监控日志和台账制度，做到全程留痕、跟踪，有据可查。有的问题可视情况通过电子截屏、摘引抄录等方式留存原始案件信息。三是规范问题的提出和监督方式。网上操作不规范、法律文书错漏等，情节轻微的，应当通过口头通知方式进行；《案件流程监控通知书》主要针对违规办案情节较重、严重的情形，提示检察官及时查明情况并予以纠正。

（二）加强职能融合，探索大监管一体化工作格局

要注重从发挥监督合力的角度出发，充分考虑分工模式和力量配备，有条件的单位可以探

索将系统前端和后端进行集中统一管理。具体到流程监控工作中，形成案管前台受理审核、送案审核、统计信息审核与流程监控相结合的良好工作模式，通过问题线索及时传递提升流程监控工作的及时性和针对性。

一是以受理审核为关口，及时传导监控线索。充分发挥受案人员掌握第一手案件信息的岗位资源优势，及时记录并与流程监控人员共享信息，提出流程监控的关注点，做好信息传递工作。如对受理的一审公诉案件犯罪嫌疑人强制措施为取保候审或监视居住的，应建立台账，由流程监控人员跟踪监督案件是否依照规定在审查起诉阶段重新作出取保候审或监视居住强制措施。

二是以送案审核为关口构建"第二道防线"。充分发挥送案审核职能作用，发现问题的，及时进行跟踪监督。如对审查逮捕案件进行送案审核，发现未拟制送达回证、未填写送达日期等瑕疵的；对提起公诉案件进行送案审核，发现移送法院日期、起诉书文号等案卡未填写的，在退回的同时可及时通过流程监控进行监督纠正。

三是以案件信息传递审核为抓手，加强案卡填录规范化监督。充分发挥统计岗位职能优势，依托统计系统的业务信息传递审核功能，将每日审核案卡信息时发现的问题，及时作为监控切入点，利用信息审核高效性弥补监控易滞后的不足，一定程度上减轻统计员反复与承办检察官点对点沟通的工作量。

四是以案件信息公开审核为路径，做好文书质量和案卡填录规范监督。将公开文书审核与法律文书监管相结合，在审核法律文书是否符合公开要求和屏蔽规则时，要关注文书格式是否规范、结构是否完整、要素是否齐备等文书质量方面的内容。在每日导出程序性信息时，要留意系统中未导出案件列表，排查未导出原因，实践中据此可以发现不少案件是因为某些限制性案卡信息未填录，导致程序性信息无法导出，如审查逮捕案件未填写执行回执日期等。

此外，要注重部门间的信息互动、联动互通。如刑事执行检察部门在办理羁押期限审查、羁押必要性审查案件中发现可能存在超期或苗头性问题的，可及时将信息传递至案管部门对案件办理情况进行跟踪监督，核实是否存在违规情形；控申部门在日常信访接待中收到的关于检察机关正在办理案件的事项内容，如涉及案件办理程序等方面内容的，可视情况传递至案管部门，通过流程监控对案件办理规范性进行重点跟踪监督。

（三）以通报为手段，通过专项分析研判提升实效

一是坚持实时提醒和定期通报相结合。充分发挥统一业务系统"尺子"作用，在日常监控提示的同时，定期梳理、甄别和研究流程监控中发现的问题，并进行数据分析、研判。可分别围绕案件类型、文书制作、案卡填录、系统操作等方面的问题多角度进行深入剖析，找出常见易犯的问题，通过印发公开通报分析，让检察官全面了解可能存在的问题，取长补短、固强补弱，起到良好的示范、提醒、促进作用。

二是通报分析不能流于形式。对经过两次或两次以上提醒仍未改正的，予以点名，具体到案、到人，要随时关注后续办案规范性情况。对同一承办人同一问题反复出现三次以上的，可进行专项通报，以实现通报有回应、监督有成效。

体系化与司法化：
强制性侦查措施司法审查的拓展和转型

罗 军 刘 毅★

检察机关职务犯罪侦查职能的整体转隶，使检察机关对于侦查活动的法律监督职能更显纯粹化。由此，提出了从审查之广度、监督之深度、方式之科学完备等方面，尤其是以对强制措施和强制性处分行为的司法审查为切入点，进一步研究检察机关侦查监督体系、检察职能体系调整所应致力的新方向。

一、我国强制性侦查措施的审查模式、审查困境与需处理的三大关系

（一）我国强制性侦查措施的审查模式

我国刑事诉讼法设专章就强制措施进行了规定，其中共有14个条款涉及强制性侦查措施。以强制侦查措施针对的客体为标准，可将强制性侦查措施分为对人身的强制性侦查措施、对物的强制性侦查措施和对隐私的强制性侦查措施。对人身的强制性侦查措施包括：逮捕，拘留，取保候审，监视居住（含指定居所监视居住），拘传、强制检查、搜查犯罪嫌疑人身体，强制采样，通缉等；对物的强制性侦查措施包括：搜查物品、场所，勘验、检查物品、场所，查封、扣押物品、文件，查封、冻结存款、汇款、债券、股票、基金份额等财产权等；对隐私权的强制性侦查措施包括：技术侦查措施，扣押邮件、电报，诱惑侦查措施（如控制下交付），派遣秘密侦查员措施（如特勤），测谎等。

与西方国家建立的以法官为主导的司法审查模式不同，我国目前主要采取的是以检察机关为主体，将部分侦查机关适用强制性侦查措施纳入侦查活动监督之中，并对违法侦查行为予以纠正的检察监督模式。除了赋予检察机关对于逮捕的审查批准权之外，对于侦查机关可以自行决定适用的其他强制性侦查措施，几乎都是通过纠正违法等事后纠错型的监督模式来加以控制。因此，我国对强制性侦查权的检察监督，是一种以事后纠错为主、以审查批准为辅的控权模式。

（二）我国强制性侦查措施司法审查机制面临的困境

尽管我国规定了检察机关对于侦查权滥用的监督救济职责，但强制性侦查措施司法审查机制孱弱的问题，仍然属于制约刑事司法现代化的一个源头性"病灶"和薄弱环节。

1.司法审查的指向措施较为狭窄。一是对于限制公民人身自由的取保候审、监视居住措施

★ 罗军，江西省人民检察院检察委员会委员、法律政策研究室主任；刘毅，江西省吉安市人民检察院法律政策研究室检察官助理，全国检察机关调研骨干人才。

和限制财产权利的搜查、扣押、冻结，公安机关可以独立决定适用；二是对于剥夺公民人身自由的拘留措施，公安机关在适用时也只是根据内部行政审批程序独立决定；三是电讯监听等技术侦查手段并未纳入司法审查视野，其秘密性和不受监督的特征很难避免对公民隐私权、通信自由权等权利的不当侵犯。导致上述情况产生的主要原因在于针对强制性侦查措施的立法规范严重不足：一方面，有些强制性侦查措施本身缺乏立法的明示授权；另一方面，纳入司法审查的强制性侦查措施极为狭窄。

2.司法审查的程序方式过于陈旧。我国就逮捕和羁押必要性的审查规定的程序、方式都相对简单，对于某些可能严重妨碍公民人身自由权的强制性侦查措施也没能采用司法化的审查方式。导致上述情况产生的原因主要来自于理念与制度两个方面：一是行政化的办案理念所施加的影响。当前审查程序总体偏向于职权调查式或文本审查式，这种模式与司法审查模式相去甚远。二是审查机制的不健全。除逮捕外的其他强制性侦查措施，被笼统地归入"侦查程序监督"中，缺乏细密的审查机制，在细微处缺乏规则的关注。

3.司法审查的空间和效果较为有限。虽然名义上侦查监督权的配给也在检察机关内设机构的设置上得到了充分反映，但因某些配套性机制的缺失，全面有力的监督未能有效展开，如因工作机制的缺失，检察机关无法及时获得侦查活动的违法信息，难以从源头上对可能正在被滥用的侦查权进行及时制止和纠正。

（三）构建新型强制性侦查措施司法审查机制需妥善处理的三大关系

一是在广义层面处理好公正与效率的关系，在狭义层面处理好公开与保密的关系。从机制运行和效果来看，公开往往与公正成正相关，而保密往往与效率联系在一起。因此，强制性侦查措施司法审查机制的构建是否科学合理，根本上需要依据对追求效率所施加的负担和由此得到的公正之间的"性价比"的最高值来判断。

二是协调处理好侦查、审查、辩护的关系。强制性侦查权控制模式的构建首先涉及的是司法权与行政权的相互关系，即以检察权为代表的司法权应当在何种场合、何种条件、何种程度上对具有行政权性质的侦查权进行干预。同时，必须通过第三方的事前介入，帮助实现这一控制在可能偏离正确方向时得到及时的监督和塑正，这也是强制性侦查措施司法审查实现诉讼化改造的内在逻辑。

三是处理好基础机制构建和配套机制保障的关系。构建强制性侦查权控制模式，还需要从权力控制的规范依据、外部机制保障等配套性机制的完善上寻找着力点。而这些基础性和配套性机制的构建，可能又进一步从组织、场所、人员等人财物资源的配给上提出新的要求。

二、构建新型强制性侦查措施司法审查模式的具体进路

（一）文本依据的确立与完善：强制性侦查措施司法审查的边界控制

构建对强制性侦查措施的司法审查制度，必须首先解决这一权力控制的依据问题，即立法必须就检察机关对强制性侦查措施实施司法审查作出明示性的授权。这就需要在修改刑事诉讼法时，对相关内容作进一步的明确。

相关修改可以参考如下原则：一是职权法定原则。侦查机关实施的强制性侦查措施必须有

明确的法律依据。二是最低限度原则。不适用强制性侦查措施即可达到侦查目的的，不得采取强制性侦查措施；采用强制性程度较低的侦查措施即可达到侦查目的的，不得采用强制性程度较高的侦查措施。三是逐步推进原则。在综合考虑强制性侦查措施对于公民个体权益的干扰程度的基础上，对将何种强制性侦查措施纳入司法审查的范畴、何种情形下才能适用司法审查权进行系统考虑。必须考虑相关方面的可承受性，既不能一味为保证公开公正而影响侦查效率，也不能完全以侦查效率为由否定司法审查的价值，而应区别对待、逐步推进，采取分步走的步骤：一是在种类上，根据办案实践逐渐扩大纳入司法审查的强制性侦查措施的种类；一是在程度上，即对于同一种类的强制性侦查措施，纳入司法审查的要求可以按照"先宽后严""先缓后紧"，在时机和条件不断成熟时逐步过渡到全面涵盖的阶段。

建议按照前文所述强制性侦查措施的三种类型，讨论建立针对各类强制性侦查措施的司法审查机制的具体步骤：

1.对人身的强制性侦查措施：（1）拘留羁押。出于侦查效率的考虑，可以继续保留公安机关自行决定3日拘留期限的规定，但超过3日后侦查机关认为仍然有必要对犯罪嫌疑人拘留羁押的，则应向检察机关提出予以批准的申请。（2）重大的身体检查和强制采样。由于该类侦查措施往往需要一定的鉴定时间，对隐私具有较大程度的介入性，应由侦查机关向检察机关提交书面申请，检察机关经审查并签发检查证方能实施。

2.对财物的强制性侦查措施：（1）搜查场所；（2）查封、扣押物品；（3）冻结钱款。考虑到这类侦查活动是否紧急事先无法预判，故建议实行事前审查为原则、事后审查为补充的司法审查模式。在情况紧急时可先予以实施，但事后须提交开展该类强制性侦查措施的证明材料，并书面说明未能及时履行审批手续的原因，如在采取该项侦查措施后48小时内向检察机关报送《强制性侦查措施报告书》，写明适用该项措施的条件、目的、理由和实施情况，接受检察机关的事后审查。

3.对隐私的强制性侦查措施：监听、邮件检查，对计算机系统的监控、检查等技术侦查措施，应纳入事前审查的范畴。检察机关主要审查相关侦查措施的适用是否属于法律允许适用的罪名、是否属于"不得已"的最后手段。

其他强制性侦查措施未纳入司法审查范畴，主要基于以下考虑：一是可能严重影响侦查效率，如对于派出"卧底""特勤"以及诱惑性侦查措施，若纳入事前审查，有违侦查高度保密的需要，甚至还会给具体执行该类措施的侦查员人身安全带来威胁；二是该类措施还未到严重影响公民人身、财产和隐私权益的程度，对于如拘传、测谎等暂时的、轻微的强制性侦查措施和技侦手段，应当允许侦查机关自主决定是否实施。

（二）审查模式的创新与转型：强制性侦查措施司法审查的诉讼化转型

实现检察机关职能的优化配置，需以司法化的程序设计拓宽检察职能发挥作用的途径，以司法权的特性弥补现行检察职能的局限性，逐渐实现检察权行使的司法化。而强制性侦查措施，无疑可以提供一块很好的试验田。将以逮捕为代表的强制性侦查措施从封闭式审查转向司法化审查，进行诉讼化改造，符合检察权中审查权的司法属性，符合司法责任制改革的内在要求，将极大程度提升我国刑事司法在人权保障方面的说服力。

但是，对所有强制性侦查措施采取标准的司法化审查程序，可能会造成诉讼效率的低下，影响主体诉讼程序的进行。因此，可以区分不同情况，以"对席听证"作为重大强制性侦查措施的司法审查模式，以书面审查作为相对简单的强制性侦查措施的司法审查模式。前者应包含如下程序：

一是启动程序。检察机关可依职权进行司法审查，犯罪嫌疑人及其辩护人一方和被害人及其法定代理人、近亲属一方也应赋予启动程序申请权。

二是参与人员范围。原则上参与主体应当包括侦查机关、被害人、犯罪嫌疑人及其律师、检察机关。被害人如果明示不参加听证或要求由委托的诉讼代理人参加的，可以允许。

三是审查程序。公开听证程序由检察机关主持。首先，由侦查机关提出采取强制性侦查措施的理由，被害人或其诉讼代理人可以发表意见；其次，由犯罪嫌疑人及其律师提出自己的意见和理由；再次，由双方进行辩论，必要时可以传唤证人、鉴定人到场；最后，由检察机关根据双方的意见和理由作出是否批准适用强制性侦查措施的决定。

此外，书面化的审查方式，同样应以构建三方参与、检察机关居中裁量的诉讼化构造为要旨。

（三）配套与关联性机制的跟进：强制性侦查措施审查模式转型的保障

一是繁简分流机制的建立。可以参考借鉴刑事速裁程序的经验，对于存在争议但争议不大的强制性侦查措施简化流程，探索三方到场、说明理由、现场宣告。而对于争议较大或者对公民人身、财产、隐私影响很大的强制性侦查措施，举证质证认证缺一不可，应尽量维护司法审查活动的严肃性。此外，繁简分流也体现在司法审查模式参与人员的范围上，如对于人身危险性的判断，甚至还可以吸纳强制性侦查措施相对方的亲友参与其中。

二是范围分流机制的建立。这里的范围，主要是指合理划定事前审查与事后审查的界限，并通过赋予一定配套性权限保障这一分流活动不被扩大化或压缩性解释，尽可能将更多的精力投入到高强度的强制性侦查措施的事前审查工作中去。同时，可以赋予检察机关事后监督的刚性，如检察机关在提出纠正意见之外，可以直接宣告某一强制性侦查措施无效，甚至作出对侦查权相对方有利的改变。这种带有刚性的事后审查制度，可以在为强制性侦查措施审查模式转型"减负"的同时，大大改变检察机关行使侦查监督职责无从下手的被动局面。

三是创新履行司法审查职能的办案形式。在强制性侦查措施的司法审查逐渐向诉讼化方向转型的同时，扁平化的办案形式也应随之建立。这可以大大缩减审批流程耗费的时间，更加符合司法审查的时效性要求。与此同时，公开宣告、文书简化等方式都可以吸收进来，作为办案形式创新的具体举措。

四是完善法律援助制度。实践中有很多侦查权的相对方很难具备有效参与诉讼化司法审查的能力。应当允许律师及时介入侦查活动，实现对强大侦查权的制衡，凸显司法审查活动的中立化色彩。

五是办案组织的配给和办案场所的保障。强制性侦查措施司法审查机制的周至落实，是对侦查监督工作的重大革新和拓展。从办案组织、场所上为之提供支撑，是需要思考的问题。结合内设机构整合的"大部制"改革趋势，较具操作性的方式是组建专业化的侦查监督办案组。此外，先进地区对于听证室、宣告室等司法化办案场所的探索，也提供了有益借鉴。

环境公益诉讼的实践难题与破解思路

邓姗姗*

一、实施难题

环境公益诉讼作为环境公益的司法救济渠道之一，是实现环境维权和环境保护的重要途径。检察机关在开展公益诉讼工作中办理了一大批具有全国影响力的案件，但在办案过程中仍然面临诸多困难和问题。

（一）公益实际受损的程度难以精准量化评估

从目前办案情况看，环境公益诉讼所涉及的污染种类，主要是水污染、固体废物污染和大气污染。环境污染行为发生后，生态环境污染的测量数据是环境公益诉讼过程中的重要证据，对于定罪、定责都有重要影响。以大气污染为例，证据固定难、司法鉴定难是大气污染案件中的常见难题，如何客观准确地评价企业是否存在污染大气的行为、相关测量数据应当在何种情形下以何种方式鉴定、被污染区域存在多个行为主体的情形下如何科学划分各个污染主体的责任、如何认定污染行为和损害后果之间的因果关系等，都是司法实践中存在争议的问题，类似问题在水污染中同样存在。环境公益诉讼如果以量化评估数据为支撑，办案效率将大大提高，但从技术层面看，污染行为的界定标准、检察机关提起公益诉讼的标准等数据都很难从具体数值上进行科学的精准量化，也就很难从数据上明确反映污染主体的责任。

（二）对受损公益及时止损存在障碍

提起环境公益诉讼需要检察机关提交被告的行为已经损害社会公共利益或者具有损害社会公共利益重大风险的初步证明材料。由于环境破坏等公益损害结果往往具有不可逆性且恢复成本巨大，因此应当更加重视公益诉讼的预防功能，但实践中操作起来难度较大。如某检察院在履职中发现，某造纸厂将工业垃圾直接倾倒在未经任何防渗透处理的土地上，该区环保局对这一行为监管不到位。在公益受损的事实认定上，由于固体废物对环境造成污染的周期较长，损害后果在现阶段很难通过证据予以固定，虽然有大量事实表明这种工业废弃物对环境的影响是必然的、不可逆的，但该案只能暂时搁置等待鉴定机关作出鉴定，拖延了办案进度，扩大了污染物对环境的损害程度，后期环保部门在整改中也只是简单将固体废弃物予以填土掩埋，对减轻环境污染无实际作用，没有实现公益诉讼预期的办案效果。

★ 湖北省武汉市人民检察院检察官。

（三）环境损害鉴定取证较难

一方面，对环境受损的事实认定需要聘请具有专门资质的鉴定机构进行鉴定或者邀请专家出具专家意见，但本地的鉴定机构和专家与环保部门联系较为密切，往往因各种顾虑而拒绝向检察机关提供意见，为检察机关的调查取证增加了难度。另一方面，作出鉴定意见时缺乏必要的环境执法数据也是环境损害鉴定取证较难的一个重要原因，尤其是在环境污染案件损害后果的认定上。从司法实践看，造成环境污染的主体主要为未进行24小时实时环境监控的中小企业。在追究中小企业的违法排污损害赔偿责任时，环保部门的执法检查存在一定的随机性，执法检测数据仅为某一时间段内企业超标排污情况，不能将若干年来企业违法超标的事实连贯起来；鉴定机构计算环境损害后果时，有的损害后果因为缺乏关键检测数据导致无法作出鉴定，有的则不能将环境侵害人损害公益的事实全面涵盖，仅能计算特定时间段内的违法排放问题。

（四）环境公益诉讼费用过高

环保案件专业性强，取证、鉴定等过程耗时、耗力、耗材，鉴定机构资质要求高且稀缺，都是造成环境损害评估费用过高的重要因素。一起环境公益诉讼案的评估费用少则几万元，多则几十万甚至上百万元，很有可能出现鉴定成本高于环境损害赔偿金额的情形，诉讼成本过高很大程度上制约了环境公益诉讼的开展。

二、破解思路

（一）借力现代信息技术解决瓶颈问题

综合运用大数据、区块链、卫星遥感等现代科技，提高公益诉讼案件线索发现和调查取证水平。比如，湖北省武汉市检察院积极探索通过卫星遥感影像数据，借助人工智能技术，自动发掘数据所反映的环境污染、土地被占用等情况，一旦监测到指定区域内林区面积变小、耕地用途变更、水域被填埋或者污染等侵害公益的情况，将及时向检察机关发出预警，提高检察机关发现案件线索、调查取证的能力。通过区块链和遥感技术，进行静态、动态对比，直观反映公益受损的现状和程度。如某土地被占用案中，检察机关通过调取涉案地块在13个不同时间节点上的26张卫星遥感影像图，直观显示了一块绿油油的农田逐步被硬化变白并搭建违法建筑的全过程，为案件办理提供了强有力的证据。通过大数据分析，可以建立不同污染程度的数据标准，为检察机关取证、举证提供有力支撑。

（二）借力专家辅助人化解专业难题

探索建立环境公益诉讼专家辅助人制度，聘请农业、林业、渔业、土地等方面的专家担任专家库成员，就环境资源案件中的重大疑难、专业性问题，或者就生态环境损害的确定、修复治理向专家提出咨询，借助专家的专业权威作出分析判断，从而提高诉讼效率。

（三）推动建立环境公益诉讼专项基金制度

多途径推动建立环境公益诉讼专项基金，确保赔偿金能够形成环境专项资金"蓄水池"和支持环境公益诉讼的"供水池"。可以尝试以行政部门监管为主，检察院、法院共同参与，各司其职，对环境公益诉讼的赔付资金统一接收、统一管理，统一使用，对于生态环境修复、治理以及诉讼中所用的调查取证、专家咨询、环境监测、鉴定评估等必要费用，实行专款专用。

（四）借力工作机制形成保护合力

检察机关要坚持把提起环境公益诉讼与追诉生态环境领域的犯罪行为有效衔接，加快健全民事、行政检察部门与侦监、公诉等部门的协作配合机制，完善线索双向移送、结果双向反馈的工作机制，探索建立公益诉讼中发现违纪违法线索与监察委之间的移送机制，把提起环境公益诉讼与其他法律监督手段有机结合，形成对生态环境和资源保护领域全方位的法律监督和司法保护。

检察机关提起行政公益诉讼之制度建构

广东省广州市花都区人民检察院课题组★

2018年3月，最高法、最高检发布了《关于检察公益诉讼案件适用法律若干问题的解释》（以下简称《解释》），在厘清理论争议的同时，清晰界定出检察机关的启动主体资格，恰当体现了行政公益诉讼特殊性与普遍性之融合，为检察机关提起行政公益诉讼制度的整体构建奠定了基础。本文认为，行政公益诉讼制度应从案件受理、调查取证、诉前程序、权利义务、诉讼监督工作等方面进行程序设计和机制运作。

一、案件受理

（一）受案范围

行政诉讼法对行政公益诉讼受案范围采用混合式立法模式，先以肯定形式列举出生态环境和资源保护、食品药品安全、国有财产保护、国有土地使用权出让四类领域案件可提起行政公益诉讼，再用"等"字概括兜底。实际是以举例形式标明当前受案范围基本界限，但因实践发展又留有变通、完善之余地。

上述四类领域案件对行政公益诉讼受案范围而言过于狭窄，许多公益亟须保护的领域并未纳入其中，如教育、医疗领域等，且"在下一步制度构建当中，可考虑将不当使用政府财政资金、不当设置与维护公共设施造成公共利益受损、规划领域和公共建设领域的违法审批，以及其他导致社会公共卫生、经济秩序、公共安全受到严重损害的行为，纳入到行政公益诉讼的范围当中，进一步拓宽行政公益诉讼的范围。事实上，审判实践中已经出现过类似案例。"[①]

（二）案件来源

案件线索发现难、转化难、成案难，是行政公益诉讼中的一个突出问题。提高案件线索数量和质量，可从以下几个方面予以改进：

首先，行政诉讼法将行政公益诉讼案件线索来源限定为"人民检察院在履行职责中发现"，应对"在履行职责中发现"这一限定作广义理解，以畅通案件线索来源。如处理公民、法人或其他组织的控告检举等及其他机关交办或转办的线索等，均应属"履行职责"。

其次，建立内外联动机制。亟须与监察委建立长效工作联动机制，明确案件线索的移送、

★ 本文系2017年度广东省人民检察院检察理论研究课题"行政公益诉讼中检察机关之法律地位研究——以国土资源保护类行政公益诉讼案件为研究蓝本"的部分研究成果。课题组成员：陈复军，广东省广州市花都区人民检察院检察长；石佑启，广东外语外贸大学校长；赵栩，广州市花都区人民检察院副检察长；龙碧霞，广州市花都区人民检察院民行科科长；秦丽娟，广州市花都区人民检察院民行科科员；陈均志，广州市花都区人民检察院民行科科员。
① 马怀德、孔祥稳：《拓宽案件范围完善行政公益诉讼制度》，载《检察日报》2017年4月3日。

反馈等内容，充实线索资源；与人大、政府法制办、信访部门、法院等建立工作联动机制，拓宽线索来源渠道；建立、完善检察机关内部案件线索移送机制，有效整合内部线索资源。

再次，充分利用信息平台获取案件线索。加快推进、完善行政执法信息共享平台的建设，实时掌握行政执法动态，准确排查侵害国家利益和社会公共利益的案件线索。

二、调查取证

检察机关的法律监督机关属性及行政公益诉讼的公益性、复杂性均要求授予检察机关调查取证权。《解释》第六条规定，检察院办理公益诉讼案件，可以向有关行政机关以及其他组织、公民调查收集证据材料，有关行政机关以及其他组织、公民应当配合。然而需要明确的是，行政公益诉讼毕竟不同于刑事诉讼，行政公益诉讼双方为平等的诉讼主体，检察机关在调查取证时不得采用讯问、搜查、查封、扣押等带有强制性的措施和手段。

行政行为合法性的证明应实行"举证责任倒置"。首先，检察机关并非利益关系人，对案件不具有亲历性，难以全面获取案件信息。其次，行政公益诉讼中的行政行为仍应遵循"先取证、后裁决"的行政执法原则要求。再次，实行"谁主张谁举证"的原则会增加检察机关诉讼负担，影响起诉积极性，且因行政机关对案件证据的独占性控制，会造成绝大部分案件客观上可能因举证不能导致败诉。[1]因此，检察机关对行政机关违法行使职权或不作为承担初步证明责任（行政行为合法性的举证责任仍由行政机关承担，行政机关不能证明行政行为合法的，承担败诉后果），对二者之间的因果关系承担证明责任，对履行诉前程序承担证明责任。

三、诉前程序

（一）诉前程序的实施效果

诉前程序是行政公益诉讼的必经环节，从试点情况来看，80%以上的行政公益诉讼案件在诉前程序解决，诉前程序中，超过3/4的案件由被监督的行政机关限期进行了整改。[2]如国土资源管理领域，试点期间国土资源保护类行政公益诉讼案件1124件，其中，诉前处理的有951件，占84.6%。[3]诉前程序在督促行政机关纠正违法行为和履行职责、分流案件、节约司法资源和社会成本方面发挥了较大功效。

（二）诉前程序与诉讼程序衔接中存在的问题及解决建议

诉前程序对于督促行政机关依法履行职责的总体效果甚佳，但不可回避的是，当前诉前程序亦存在一定问题，其中诉前程序与诉讼的对接问题尤为突出。

1.行政机关是否依法履职的判定。行政机关是否依法履职通常成为庭审的争议焦点。对行政机关是否依法履行职责的判定，需区分不同案件类型、不同具体情形。从已有经验来看，各地检察机关在环境污染、资源破坏类案件中采用了"行政相对人违法行为是否停止""行政机关是否已经穷尽所有执法手段""是否达到预定整改目的""是否停止侵害并开始恢复"等多个

① 万进福：《行政公益诉讼中的举证责任分配》，载《人民法院报》2017年9月27日。
② 沈开举、邢昕：《检察机关提起行政公益诉讼诉前程序实证研究》，载《行政法学研究》2017年第5期。
③ 魏莉华：《积极应对行政公益诉讼 不断深化法治国土实践》，载《中国国土资源报》2018年1月11日。

标准。[①]亦有学者认为，应当有一个总体的标准，即行政机关未能通过其行政行为及时制止损害的发生或避免公益处于危险境地，在司法实践中，可以从"行政机关是否超越回复期限""相关侵权行为是否持续""行政机关是否依据法定职责采取措施"等角度综合考虑。[②]本文认为，"侵害行为是否停止""行政机关是否已穷尽职责"可为通用标准；同时，亦可总结复杂实践经验，由最高检、最高法发布指导性案例，以类案指导形式初步确立具体标准，从而更全面、更具针对性地解决行政机关是否依法履职的判定问题。

2.检察建议与诉讼请求内容的衔接。检察建议形成于诉讼请求确定之前，中间有一定时间差，在这段时间内，行政机关可能部分履行职责或进一步作出违法行为，这都可能导致检察建议与诉讼请求不一致。检察建议的目标要求高于诉讼请求时不会影响诉讼活动，但诉讼请求目标要求高于建议内容或二者交叉时则应视具体情况区别分析。出现上述情况，一般是由于行政机关又实施新的违法行为导致，由此需要区分新、旧行为是否基于同一事由、属于同一类别、损害同一公益来处理。如确属同一事由、类别与公益，则应视为同一件行政公益诉讼案件，从公益救济的效率性及节约司法资源的角度出发，视为已履行诉前程序。反之，则需另案履行前置程序后再提起诉讼。

3.解决建议：创新工作机制。一是以"诉前圆桌会议"形式凝聚共识合力。公益诉讼"诉前圆桌会议"，是对行政机关是否依法履职的跟进监督机制。对于行政机关有整改意愿和明确方案，但因特殊原因难以及时整改的，可召开诉前圆桌会议，邀请相关行政机关、人大、政协及公共代表等相关单位和人员参加，广泛征求意见，商定整改方案。这种注重沟通协调、注重合力解决问题的工作机制，可最大限度调动行政机关保护公共利益的主动性，不仅有效督促行政机关更好、更快履行职责，且能汇集各方合力，共同推动问题解决，同时亦能节约司法成本、提高效能。二是建立约谈机制。诉前程序中，应建立约谈机制。对行政机关在法定期限内不回复、不整改或随意应付的，及时约谈相关主管、责任人员，阐释行政行为存在的问题，同时听取行政机关解释，让行政机关对行政行为是否违法以及应当如何整改有更加清晰、正确的认识，从而督促其及时依法履职。约谈之后，行政机关在一定合理期限内仍不依法履职的，检察机关应及时提起诉讼。[③]

四、诉讼权利义务

《解释》第四条规定，人民检察院以公益诉讼起诉人身份提起公益诉讼，依照民事诉讼法、行政诉讼法享有相应的诉讼权利，履行相应的诉讼义务，但法律、司法解释另有规定的除外。

"公益诉讼起诉人"诉讼权利义务的特殊性主要表现在以下几个方面：一是行政诉讼法规定当事人有权委托代理人代为诉讼，而行政公益诉讼中，检察机关作为公益诉讼起诉人，应当

---

① 参见孔祥稳、王玎、余积明：《检察机关提起行政公益诉讼试点工作调研报告》，载《行政法学研究》2017年第5期。
② 沈开举、邱昕：《检察机关提起行政公益诉讼诉前程序实证研究》，载《行政法学研究》2017年第5期。
③ 参见王红建：《行政公益诉讼："做实"诉前程序的六个建议》，载《南方周末》2017年7月27日。

派员出庭，不得委托其他机构、组织或公民代为诉讼。二是撤诉权的行使存在特殊性。一般行政诉讼中，原告撤诉权的行使不受限制，在宣告判决或裁定前均可申请撤诉，是否准许，由法院裁定。而行政公益诉讼案件审理过程中，检察机关只有在被告纠正违法行为或者依法履行职责而使诉讼请求全部实现的情况下才得提出，且法院应当裁定准许，不得自由裁量。撤诉关系到社会公益是否能得到切实保护，如果准予随意撤诉，那么将严重影响行政公益诉讼制度的构建。而规定法院在检察院诉讼请求全部实现情况下对其撤诉请求应当准予裁定，则是基于节约司法资源、尊重行政机关内部纠错的考量。

五、检察机关诉讼监督

《解释》第十条规定："人民检察院不服人民法院第一审判决、裁定的，可以向上一级人民法院提起上诉。"即行政公益诉讼中检察院以上诉方式启动二审程序，由提起公益诉讼的检察院派员出庭。这与试点时的抗诉规定不同。以"抗诉"方式启动二审程序更多体现出检察机关的法律监督职能，认为原裁判确有错误，以对抗方式启动二审程序。而"上诉"方式则是检察机关与其他当事人平等诉讼权利的表现。只要不服判决，便可启动二审程序，无需特定理由。由"抗诉"到"上诉"的转变，体现了检察机关法律地位的明确，显示了我国法律制度层面对检察机关在行政公益诉讼中的法律地位更倾向于平等诉讼主体而非法律监督者的定性。

作为法律监督机关，检察机关有权对行政公益诉讼进行监督。然而由于检察机关为诉讼一方主体，因此行政公益诉讼中检察机关的诉讼监督应进行一定特殊设计：一是对于被告申请监督的，为避免出现对司法公正的怀疑，应由无利害关系的检察机关受理。不应由提起诉讼的检察院受理，可由上级检察院指定管辖。二是作为公益诉讼起诉人的检察院，对同级法院已经发生法律效力的裁判认为确有错误的，提请上一级检察院向同级法院提出抗诉。对于二审法院作出的生效裁判认为确有错误的，由二审法院同级的检察院向法院发出检察建议，或提请上一级检察院向同级法院抗诉。三是为避免影响法院裁判的独立性、公正性，对审判程序中存在违法行为的，由公益诉讼起诉人申请上一级检察院在休庭或庭审结束后向审理案件的法院提出检察建议。

检察环节排除非法供述问题探究

徐贞庆*

　　犯罪嫌疑人、被告人的供述是能够直接证明案件事实的重要证据，由此有罪供述是侦查机关穷尽一切手段企图获取的重要证据。2017年6月，"五机关"联合发布了《关于办理刑事案件严格排除非法证据若干问题的规定》（以下简称《规定》），试图重点解决犯罪嫌疑人、被告人供述的可采性问题，并将检察机关作为非法供述排除的重要主体。检察机关排除非法供述的关键在于如何根据法律及司法解释确定非法供述的范围，证明供述的非法性，发现非法供述的线索。

一、非法供述的范围

（一）以引诱、欺骗手段取得的供述是否应当排除

　　非法证据的本质是对公民重大基本权利的侵犯。[①]判断引诱、欺骗手段获取的供述是否需要排除的关键是分析侦查机关是否通过上述手段侵犯了犯罪嫌疑人、被告人的基本权利，如果侵犯了，则属于非法证据，应当予以排除；如果没有，则属于合法侦查行为的范畴，不需要排除。例如，实践中侦查机关经常利用事实信息不对称，向犯罪嫌疑人谎称已经掌握了足够的证据或者同案犯已经全部如实交代等，欺骗犯罪嫌疑人交代犯罪事实。这种欺骗手段并没有侵犯犯罪嫌疑人的基本权利，属于侦查策略的一种，由此形成的有罪供述也不应当作为非法供述予以排除。

（二）重复性供述如何认定

　　《规定》第五条的内容标志着我国初步建立起重复性供述排除规则，承认了非法证据排除规则的继续效力，适度扩充了非法证据排除规则的适用对象和范围，有利于进一步发挥非法证据排除规定的人权保障功能。但是《规定》对重复性供述排除规则进行了明确的限制。一是适用对象上的限制，即限于采用刑讯逼供方法收集的供述，其他非法方法收集的供述则不属于重复性供述的排除范围。也就是说，以引诱、欺骗等其他非法方法收集的犯罪嫌疑人、被告人供述，即使侵犯了犯罪嫌疑人、被告人的基本权利，但之后受其影响形成的其他供述材料不适用重复性供述排除规则。二是《规定》对重复性供述排除规则规定了例外，在讯问主体发生变更，并告知犯罪嫌疑人、被告人诉讼权利和认罪法律后果，犯罪嫌疑人、被告人自愿供述的，不作为重复性供述排除。

---

* 江苏省江阴市人民检察院干部。
① 参见易延友：《非法证据排除规则的立法表述与意义空间》，载《当代法学》2017年第1期。

笔者认为，重复性供述排除规则的本意，是以非法证据排除规则的继续效力为基点，以先前的违法取供行为为"污染源"，推定与该取供行为之间存在因果关系的所有供述都被辐射污染而不具有证据能力。[①]如果采信供述，则必须切断其与先前刑讯逼供行为的因果关系。在讯问过程中，虽然变更了讯问主体，但讯问主体若利用之前口供或刑讯逼供的影响，向犯罪嫌疑人、被告人施加压力，由此形成的供述并没有与先前通过刑讯逼供形成的供述彻底切断因果关系，仍然利用了之前刑讯逼供的影响，并没有完全走出"重复性供述"的范围，应当予以排除。

重复性供述的排除应当是整体排除，而不是仅仅排除与刑讯逼供形成的内容相同的供述。例如，犯罪嫌疑人、被告人因被刑讯逼供而供述盗窃的犯罪事实，在之后的讯问过程中，犯罪嫌疑人害怕再次受到刑讯逼供，又承认了盗窃之外的抢劫犯罪事实。对于这种情况，不能只排除与盗窃有关的供述而保留抢劫部分的供述。虽然犯罪嫌疑人、被告人所作的关于抢劫的供述并不属于重复性的内容，但仍然是受刑讯逼供影响所作的供述，属于排除的范围。而且，犯罪嫌疑人、被告人供述作为一种证据形式具有整体性，不可能将供述分为几个部分，将有的部分排除，有的部分留下。一旦认为该份供述的收集方式不合法，就应当进行整体排除。

（三）未在规定场所收集的供述

在我国，侦查机关正式的讯问场所主要包括侦查机关的审讯室和看守所的提审室。实践中，侦查机关实施非法取供行为主要是在看守所以外的场所，尤其是在侦查机关内部的办案场所。根据法律规定，犯罪嫌疑人被送往看守所羁押后，所有的讯问都应当在看守所内进行。如果侦查机关没有在看守所内进行讯问，或者将犯罪嫌疑人以辨认等名义带离看守所之后形成供述笔录，侦查机关必须作出合理解释，讯问笔录才能作为证据使用，如果不能作出合理解释，由此获取的供述应作为非法证据排除。比如，犯罪嫌疑人出现意外情况，供述可能再也无法获取，侦查机关应在保证其安全的情况下及时获取供述并据此作出合理解释。因此，对于未在规定场所收集的供述，侦查机关无法提供能够让人认可的"合理解释"，检察机关应当一律排除。

二、非法供述的证明

根据《规定》第二十六条的内容，法官对证据收集的合法性"有疑问"时可以启动非法证据调查程序。"非法证据排除制度是以一个推定为前提，即不能证明取证行为合法，则推定取证行为非法"，[②]该推定建立在高概率的基础之上，只要侦查机关不能"自证清白"，法官就有理由认为该份供述系非法证据，予以排除。

笔者认为，在以审判为中心的要求下，检察机关应当以审判的标准要求侦查机关证明讯问行为的合法性，如果侦查机关不能证明讯问行为合法，则推定供述系非法证据，不需要进行过

---

① 参见万毅：《何为非法 如何排除？——评〈关于办理刑事案件严格排除非法证据若干问题的规定〉》，载《中国刑事法杂志》2017年第1期。
② 张建伟：《排除非法证据的价值预期与制度分析》，载《中国刑事法杂志》2017年第4期。

多的调查核实。实践中，出于维护自身利益的考虑，在检察机关启动非法证据调查机制后，不少侦查人员并不完全配合调查，而是会隐瞒事实，甚至销毁违法取证的证据，调查是否属于非法证据原本就比较困难。[①]根据推定的方法，供述的合法性存在争议时，不需要检察机关主动调查取证，而是要求侦查机关提交相关证据材料证明取供合法，如提供讯问过程的录音录像等。若侦查机关不能提交相关证据材料或者提交的材料不足以证明讯问过程合法，那么检察机关应推定争议中的供述系非法取得。

三、非法供述的发现路径

（一）强化检察机关对侦查的监督

检察机关要转变传统的控方观念和打击犯罪的惯性思维，更为重视程序公正的实现。《规定》规定了检察机关对于非法供述的审查职责，但是仍不够具体，还需要对检察机关的线索发现工作作出更为详细的规定。首先，要充分发挥驻看守所检察官的作用，建立驻所检察官与入所人员常态沟通交流机制，入所人员体检时检察官一般应当在场，实时监督。其次，检察机关要利用好已有的公安机关重大疑难案件听取检察意见、公诉引导侦查等制度，在引导侦查中注意发现侦查机关讯问过程中存在的诱供、骗供、逼供等问题，及时提出意见，纠正侦查机关的违法取供行为。再次，要加强对在侦查机关审讯室讯问过程的同步监督。目前，一些地区的侦查机关已经实现了审讯室内讯问的全程视频监控。检察机关应当要求侦查机关提供相应的权限和技术支持，对在侦查机关审讯室内的讯问行为进行同步监督，要求对犯罪嫌疑人的讯问必须在合法场所进行，抓捕犯罪嫌疑人后应当立即送往办案工作区，一旦将犯罪嫌疑人带离监控区域应当作出详细的记录，如果长时间离开监控区域应当出具相应的情况说明和证据材料。

（二）为犯罪嫌疑人主动提供非法取供线索创造外部条件

实践中，许多犯罪嫌疑人即使遭受了刑讯逼供、暴力、威胁等非法讯问的行为，但是鉴于害怕打击报复等心理往往不向检察机关申请排除相应的供述。鉴于此，在审查逮捕、审查起诉阶段，检察机关应当在讯问犯罪嫌疑人前强化权利告知，对犯罪嫌疑人提供的线索及时处理，若排除其有罪供述，要及时将这一结果告知犯罪嫌疑人及其辩护人。

（三）强化辩护律师的参与权，提高辩护方的举证能力

根据法律规定，对可能判处无期徒刑或者死刑的犯罪嫌疑人应当提供法律援助，但无期徒刑或者死刑案件属于少数，法律援助的范围过于狭窄，建议将范围扩大到可能判处五年以上有期徒刑的犯罪嫌疑人或被告人；同时，应当赋予辩护律师讯问时在场的权利。在条件允许的情况下，检察机关可以设置非法证据听证程序，为侦查与辩护双方就证据合法性问题交换意见提供平台。另外，为强化辩护方对于侦查活动的监督、参与，可以建立看守所值班律师制度。值班律师应当在犯罪嫌疑人被刑事拘留后的24小时内会见犯罪嫌疑人，免费向其提供法律帮助。

---

① 魏建文：《以审判为中心对检察环节非法证据排除工作的影响及其应对》，载《法学杂志》2016年第5期。

论认罪认罚从宽制度中不起诉裁量权的功能定位

师黎黎[★]

一、不起诉裁量权与认罪认罚从宽制度的关系

不起诉裁量权，是指在案件具备法定起诉条件时，检察官依法享有的根据自己的认识和判断选择起诉或不起诉的权力。[①]我国的不起诉分为绝对不起诉、存疑不起诉、酌定不起诉和附条件不起诉，前两种是由于不具备起诉条件而不起诉，属于法定不起诉类型，因此检察官没有自由裁量的余地，而后两种不起诉是在案件具备法定起诉条件情况下，检察官依据自由裁量权作出的不起诉选择。因此，所谓不起诉裁量权仅存在于酌定不起诉、附条件不起诉两种类型。

（一）附条件不起诉裁量权的适用

根据刑事诉讼法第二百七十一条之规定[②]，附条件不起诉适用条件中除要求犯罪情节轻微外，还要求有"悔罪"表现，而悔罪指认罪并悔悟，同时具有愿意接受法律处罚的成分。[③]因此，附条件不起诉应当是认罪认罚从宽制度的重要组成部分。

（二）酌定不起诉裁量权的适用

根据刑事诉讼法第一百七十三条第二款之规定，酌定不起诉的适用条件为"犯罪情节轻微，依照刑法规定不需要判处刑罚或者免除刑罚"的案件，而当事人和解程序中的不起诉由于同样需要"犯罪情节轻微、不需要判处刑罚"的前提，因此其也应属于酌定不起诉的范围。笔者从该条件的理解入手，具体论证酌定不起诉裁量权与认罪认罚从宽制度的关系。

1."犯罪情节轻微"的理解。"犯罪情节轻微"并没有任何限制性或排他性的约束条件，也就是对于涉嫌任何罪名的案件，都可以或者都应当根据本条规定进行考量，以判断其是否属于酌定不起诉的情形。[④]而适用认罪认罚从宽制度的案件同样没有特定的案件范围限制，因此从这一角度看，两者在适用条件上具有统一性。

[★] 云南省玉溪市人民检察院法律政策研究室检察员。
[①] 宋英辉、吴宏耀：《不起诉裁量权研究》，载《政法论坛》2000年第5期。
[②] 刑事诉讼法第二百七十一条第一款规定："对于未成年人涉嫌刑法分则第四章、第五章、第六章规定的犯罪，可能判处一年有期徒刑以下刑罚，符合起诉条件，但有悔罪表现的，人民检察院可以作出附条件不起诉的决定。人民检察院在作出附条件不起诉的决定以前，应当听取公安机关、被害人的意见。"
[③] 参见陈卫东：《认罪认罚从宽制度研究》，载《中国法学》2016年第2期。
[④] 顾永忠：《关于酌定不起诉条件的理解与思考》，载《人民检察》2014年第9期。顾永忠教授的分析理由：第一，从刑法分则关于各种罪名规定的法定刑来看，不仅对犯罪性质较轻的罪名规定有比较轻的法定刑，而且对犯罪性质较重的罪名同样也规定有比较轻的法定刑，说明即使对于犯罪性质严重的罪名也不能一律判处重刑，应当区别情况进行量刑；第二，从刑法总则关于各种法定从轻、减轻、免除处罚情节的规定也可以看出，它们并没有在犯罪性质上有所不同。

2. "犯罪情节轻微" 与 "依照刑法规定不需要判处刑罚或者免除刑罚" 的理解。认罪认罚案件区别于其他刑事案件的关键在于 "认罪认罚"，而被追诉人认罪认罚主要体现在能够反映其主观恶性和人身危险性的认罪态度上。根据相关法律规范及司法传统，认罪态度属于酌定量刑情节。学界通说认为，"犯罪情节轻微" 与 "依照刑法不需要判处刑罚或者免除刑罚" 是适用酌定不起诉必须同时具备的两个要件，[①] 而问题在于，"犯罪情节" 的适用除了包括法定量刑情节，是否包括酌定量刑情节？ 换句话说，仅具有酌定量刑情节是否可以免除刑罚呢？ 笔者认为，如果被追诉人不存在法定免除处罚的具体量刑情节，则不能仅因为犯罪情节轻微和其他酌定量刑情节而免受处罚，但这并不妨碍酌定不起诉在认罪认罚案件中的适用。

第一，仅依据 "认罪认罚" 这一酌定量刑情节不能免除刑罚的适用，但其与犯罪情节轻微的其他酌定量刑情节及法定量刑情节相结合，则可产生免除处罚的法律效果，不起诉裁量权即有适用可能性。例如，《人民检察院办理不起诉案件质量标准（试行）》中规定，满足刑事诉讼法规定的酌定不起诉条件并同时具备五种情形之一的，可依法不起诉[②]。五种具体适用情形中，"主观恶性较小" "认罪悔过、赔礼道歉、积极赔偿损失" "人身危险性不大" 等便是与 "认罪认罚" 同质的酌定量刑情节。

第二，认罪认罚案件的办理都是在 "罪刑法定原则" 的规制下进行，案件可能适用的刑罚已经比较轻缓，被追诉人为了尽快摆脱诉累，认罪认罚更多是基于自愿而非协商。在案件审查过程中，"认罪认罚" 并非检察官是否选择起诉的最主要决定因素，即便具有有限的 "控辩协商内容"，检察官此时的 "放弃指控" 行为并非基于被追诉人的 "认罪认罚"，而是依据酌定不起诉的法定条件自由处分诉权，与决定起诉之后，通过协商让被追诉人认罪认罚从而兑现量刑从宽承诺有实质意义上的区别。因此，以认罪认罚案件中具有 "控辩协商协议" 等特定内容为由阻却不起诉裁量权的行使并不妥。

二、不起诉裁量权的功能定位

不起诉制度是认罪认罚从宽制度的重要组成部分，通过终止诉讼来分流处理一部分轻微刑事案件，提高诉讼效率、节约司法资源，从而达到 "程序从宽" 的效果。在认罪认罚从宽制度中，不起诉裁量权究竟能发挥多大的功能作用，笔者从横向和纵向进行比较分析。

（一）纵向对比中的不起诉裁量权

简易程序和速裁程序作为认罪认罚案件的主要审判程序，是否能有效解决案件量剧增与司法资源匮乏的实践需求，笔者以司法实践数据为依托作相应分析。

1. 简易程序适用及效果。一是简易程序适用率不高。刑事诉讼法扩大简易程序的适用范围后，2013—2015 年，某市两级检察机关办理的公诉案件中，判处三年以下有期徒刑、拘役、

---

① 陈光中：《刑事诉讼法》，北京大学出版社 2005 年版，第 321 页。
② 根据《人民检察院办理不起诉案件质量标准（试行）》，五种情形具体指：（1）未成年犯罪嫌疑人、老年犯罪嫌疑人，主观恶性较小、社会危害不大的；（2）因亲友、邻里及同学同事之间纠纷引发的轻微犯罪中的犯罪嫌疑人，认罪悔过、赔礼道歉、积极赔偿损失并得到被害人谅解或者双方达成和解并切实履行，社会危害不大的；（3）初次实施轻微犯罪的犯罪嫌疑人，主观恶性较小的；（4）因生活无着偶然实施盗窃等轻微犯罪的犯罪嫌疑人，人身危险性不大的；（5）群体性事件引起的刑事犯罪中的犯罪嫌疑人，属于一般参与者的。

管制、单处罚金的案件适用简易程序的仅占已判案件的56.8%。[①]在轻罪案件已广泛适用简易程序的司法背景下，我国简易程序的整体适用率不高。二是对司法资源的节约效果有限。根据刑事诉讼法规定，简易程序已经覆盖了所有基层法院管辖的案件，但其仅对法院的审理方式、审结时间进行了限定，并未对审判前的程序、时限、当事人的上诉权等进行特别要求，节约司法资源的效果并不突出。主要问题是：时间利用率不高、用时不均，整个刑事诉讼程序依然是繁简不分，没有区别；同时，严谨而琐碎的程序设置、繁复的书面流转，消耗了大量的司法资源。因此，应从诉讼起点探索繁简分流机制，改变传统"两头小中间大"的诉讼流程特点，使办案时间和资源得以均匀分配。[②]

2. 速裁程序适用及效果。一是速裁程序适用率不高。2014年8月26日，速裁程序试点工作正式启动。截至2015年12月31日，全国各地适用速裁程序审结刑事案件31086件32188人，占试点法院同期判处一年有期徒刑以下刑罚案件的33.13%，占同期全部刑事案件的15.48%。[③]二是"全流程"节约司法资源的效果不突出。相比简易程序，速裁程序在节约司法资源方面强调侦查、起诉、审判"全流程"，规定了检察院、法院的办案时间，规定公安机关可以建议检察院按照速裁模式办理案件。试点地区司法机关也进行了许多探索，例如简化讯问、起诉、庭审方式和文书制作，实行庭前示证口头概述与书面清单相结合，公检法就近办公等，司法资源得到合理配置，但这些节约司法资源的探索，主要是依靠审前阶段的案件分流和程序简化。

综上所述，简易程序和速裁程序的司法实践证实，要应对日益激增的刑事案件，从整体上实现刑事诉讼"繁繁简简""轻轻重重"，"着眼于简化审判程序的改革无法有效控制进入审判程序的案件总数；三种程序之间的繁简分化程度不足；简易程序和速裁程序适用率偏低"[④]，因此，要强调诉讼"全流程"合理配置司法资源，构建有效的审前分流机制。

相较简易程序和速裁程序，不起诉裁量权有独特的制度功能：第一，起诉是侦查和审判的枢纽，不起诉裁量权的行使，决定了能进入刑事审判程序的案件的数量与种类，对刑事案件具有显著的程序分流功能，使检察机关和审判机关能合理配置司法资源，为重大复杂案件提供更为精细的诉讼程序，既能提高诉讼效率又能保证司法公正，是程序分流原理在司法实践中的具体运用。第二，审查起诉阶段对案件进行分流处理，有利于防止再犯及预防犯罪目的的实现，是人权保障的重要体现。第三，不起诉案件强调被追诉人的认罪悔罪，甚至是双方达成和解，使被追诉人避免了被长时间羁押、严格审判等诉累及定罪判刑后"罪犯"标签的负面影响，使被害人及时获得赔礼道歉、赔偿损失等弥补，使被犯罪行为所破坏的社会秩序得以恢复，被追诉人、被害人及社会公众的利益都得到了兼顾，是司法领域对人性和多元化价值的尊重，充分体现了现代司法的宽容精神。

[①] 数据为宣城市的办案数据，参见杨林秀、胡磊：《认罪从宽机制的运行困惑及完善思考》，载《检察调研与指导》2016年第4辑，第17—18页。
[②] 北京市海淀区人民法院课题组：《关于北京海淀全流程刑事案件速裁程序试点的调研——以认罪认罚为基础的资源配置模式》，载《法律适用》2016年第4期。
[③] 最高人民法院刑一庭课题组：《关于刑事案件速裁程序试点若干问题的思考》，载《法律适用》2016年第4期。
[④] 魏晓娜：《构建防火墙促进认罪认罚从宽制度健康发展》，载《检察日报》2016年9月27日。

（二）横向对比中的不起诉裁量权

随着目的刑、教育刑理论以及经济分析法学的发展，加之严格规则主义与自由裁量权相结合的立法趋势，起诉裁量权在现代刑事诉讼中不仅站稳了根基，而且不断拓展其功能空间。从运行方式上看，由即决的诉与不诉发展到暂缓起诉；从适用对象上看，产生了专门针对特殊群体的不起诉类型；附加或者前提条件的成熟与否成为不起诉决定生效与否的根据。[①]附条件不起诉和酌定不起诉共同承载程序分流的重要功能。两种不起诉在适用上会产生重叠，检察机关不起诉裁量权的行使应贯彻谦抑原则，在合目的性、必要性与比例原则的要求下，本着司法宽容精神和减轻司法负担原则，使两种不起诉的适用呈"酌定不起诉—附条件不起诉"的阶梯式衔接。

总体上看，因限定条件比较严苛，我国检察机关的不起诉率维持在5%上下[②]，其中酌定不起诉率稳定维持在3.5%左右，比率仍然较低。而近年来的刑事犯罪轻刑率却处于高位。以2015年为例，全国各级法院新收刑事一审案件1126748件，审结1099205件，判决生效被告人1232695人，其中，判处缓刑、拘役、管制及单处附加刑556259人，占45.12%，判处免予刑事处罚18020人，占1.46%，宣告无罪1039人，占0.08%。[③]从法院判决数据和检察机关不起诉率的强烈对比可以看出，审查起诉阶段程序分流的功能还有巨大的发挥空间。

笔者认为，在认罪认罚从宽制度改革背景下，应当进一步发挥检察机关不起诉裁量权的程序分流功能。第一，应适当扩大酌定不起诉的适用范围，将"犯罪情节较轻，真诚悔罪，并积极赔偿被害人损失，依法可能判处一年有期徒刑以下刑罚的案件"纳入酌定不起诉的适用范围。原则上，酌定不起诉还是适用于轻微犯罪，认罪认罚从宽制度以三年有期徒刑作为轻重罪的划分，此处以一年有期徒刑作为轻微犯罪与轻罪的划分，具有合理性，一年有期徒刑的幅度与原规定相比也不会显得突兀，扩大适用后可以在审前环节有效分流大部分轻微犯罪案件。第二，应当扩大附条件不起诉的适用范围，将目前仅适用于未成年人的附条件不起诉扩大至"犯罪情节较轻，真诚悔罪，并积极赔偿被害人损失，依法可能判处三年有期徒刑以下刑罚的案件"。将附条件不起诉案件的适用范围扩大至三年有期徒刑，可以与速裁程序和简易程序适用作有效衔接，适应司法实践中分流案件的需要。

不起诉裁量权在认罪认罚从宽制度中具有独特的制度价值以及广阔的功能空间，需要立法和司法从正面回应不起诉裁量权在认罪认罚从宽制度中的功能定位，进一步完善和扩张不起诉裁量权。要注重强化权力监督与保障权利并重的观念，坚持检察官客观公正义务，坚持罪刑法定和罪责刑相适应原则，通过合理扩张不起诉裁量权以促进认罪认罚从宽制度司法资源的优化配置。

---

① 汪建成、姜远亮：《宽严相济刑事政策与刑事起诉制度》，载《东方法学》2008年第6期。
② 数据来源于2014年、2015年、2016年《最高人民检察院工作报告》。
③ 最高人民法院研究室：《2015年全国法院审判执行情况》，载《人民法院报》2016年3月18日。

侦查现场指认存在的问题及对策

张耀阳[*]

指认，又称现场指认，是指在刑事侦查过程中，由侦查人员带领犯罪嫌疑人对实施犯罪的地点或场所、来去现场的路线以及其他涉案事项进行指认，并据此收集犯罪证据、查清事实真相的一种侦查措施。现场指认的过程，通常采用文字、照相、录音录像等方式进行记录和固定。

侦查机关在现场指认上存在着一些不容忽视的问题。比如，明明只有一两名犯罪嫌疑人现场指认，却动用多辆警车、多名全副武装的民警，用高音喇叭喊话"我们正在现场指认，请广大市（村）民不要围观"，甚至邀请媒体记者在现场拍照采访；有的为追求规模效应，而将多名同案犯罪嫌疑人带至同一现场进行指认；有的对隐私案件的犯罪嫌疑人和未成年犯罪嫌疑人没有采取保密措施；有的直接将侦查机关的辅警、驾驶员等内部人员作为见证人。

上述做法不仅违反了刑事法律的规定，也违背了指认程序的初衷。有的做法涉嫌游街示众，这是明令禁止的侵犯人权行为而不是侦查措施，即使可以发挥法治宣传和震慑犯罪的作用，但在这种氛围中，犯罪嫌疑人根本无法集中精力回忆作案情节，尤其是作案细节；有的涉嫌污辱犯罪嫌疑人人格，容易导致其产生对抗情绪和抵触心理，在这种心理驱使下，犯罪嫌疑人往往不会配合侦查人员作出全面客观的指认；让同案犯罪嫌疑人同时进行现场指认，属于混同指认，有诱惑指认的嫌疑，也给犯罪嫌疑人串通指认提供了机会；对隐私案件和未成年犯罪嫌疑人不采取保密措施，侵犯了当事人的隐私权。

现场指认与讯问犯罪嫌疑人相比，对于案件事实的证明作用更加直接，但如果运用不当则对案件查处的危害也是致命的。比如，在轰动全国的"佘祥林案"中，佘祥林能够在夜间带着专案组民警爬过两座山来到案发地，准确地指认出现场，被认为是案件的关键环节之一。但据佘祥林的申诉材料，佘祥林是被民警按事先画好的"行走路线图"带到现场的；而对杀人现场和沉尸地点的指认，则是"随便指了一个地方，但现场并没有石头"，并且是有人抬着他的胳膊指着池塘的方向照的相。[①]

由此，规范指认过程尤为紧迫和必要。笔者认为，应从以下五个方面着手。一是完善法律规定。当前，司法实务界对指认的性质众说纷纭，有人认为是讯问犯罪嫌疑人的一种方式并属于现场讯问，有人认为是辨认的一种方式，有人认为是现场勘查的一种补充并属于复验复查。

---

[*] 江苏省泗洪县人民检察院检察长。
[①] 《探寻杀妻案具体流程：佘祥林有罪推定全纪录》，载《新京报》2005 年 4 月 14 日。

笔者认为，刑事诉讼法有必要将指认确立为一种独立的侦查措施，将现场指认的笔录明确归类于八种证据之中，同时明确指认的基本原则（如无罪推定原则、自主指认原则、分别指认原则、保守侦查秘密原则、确保安全原则）、具体程序（包括启动程序和实施程序）和笔录制作规范，从而做到有法可依。二是强化见证人的作用。见证人必须是与案件无利害关系的第三人，而不能是侦查机关的辅警、驾驶员或其他涉案人员；同时，见证人必须具备一定的素质，可以探索建立由人大代表、政协委员、在当地具有威望的基层人员组成的见证人库，由侦查机关从见证人库中随机抽取，并且允许检察机关和审判机关在审查或审判时根据人员信息进行再次核实。三是强化录音录像的作用。对于重大疑难复杂案件，侦查机关在做好指认笔录的同时，必须进行同步录音录像，以客观、真实地反映出指认的全过程，如果因侦查人员没有进行全程同步录音录像而导致证据不被采信，则将由侦查人员承担不利的法律后果。四是强化检察机关、审判机关对现场指认的监督。对指认笔录与现场勘验笔录、物证、犯罪嫌疑人供述、证人证言等有矛盾的地方进行重点审查，发现有违反法律规定情形的，及时监督纠正，并将指认笔录等证据作为非法证据予以排除。五是加强对侦查人员的教育。防止侦查人员将指认程序异化为"震慑犯罪、教育群众"的行为活动，对确实需要开展法治宣传的案件，可采取到案发地开庭审理等方式解决。

强制医疗的解除及监督程序研究

张　颖[*]

强制医疗是针对实施严重暴力行为的精神病人所依法适用的特别刑事诉讼程序，对于平衡公共安全与公民自由之间的关系具有积极的意义。目前我国法律对强制医疗程序只是原则性规定，相关部门的实施细则对某些具体问题规定不明确，在实际操作中解除程序遇到一些困难，一定程度上影响了检察机关法律监督效果。笔者对强制医疗的解除及监督程序进行研究，以期完善强制医疗制度。

一、强制医疗解除程序存在的问题

由于我国强制医疗制度的价值取向倾向于"保护社会公共安全"，因此，解除强制医疗的决定机关须经过深入细致的分析、讨论、论证，方能作出同意解除的决定。同时，精神疾病的反复性与难以彻底治愈性也决定了强制医疗必须经过一定时间的治疗与观察，故强制医疗的解除较难确定时间，须由病人的恢复与治疗状态决定。具体来说，程序方面存在以下问题：

（一）诊断评估程序不明确

刑事诉讼法规定由强制医疗机构对精神病人进行定期诊断评估，但是对评估人员的数量、资质以及评估内容等方面并没有具体规定。同时，"定期"这一概念也不明确，这就导致个别医院只能按照医院条例规定进行治疗评估，各个地方的评判标准各不相同[①]；这就可能出现病情相同的病人治疗时间及诊断评估时间差距过大的问题，进而侵害被强制医疗人人身自由等合法权益。

（二）解除强制医疗的标准不明确

刑事诉讼法规定强制医疗的解除标准为"不具有人身危险性，不需要继续强制医疗"，但每个医生对人身危险性的主观理解不尽相同，自然评判标准和结果也会不同。强制医疗机构既是治疗机构又是解除程序的评估机构，基于经费、效益、管理等方面考虑，其有可能缩短或延长病人的治疗时间，也有可能出现在出具解除强制医疗的诊断评估报告时设置人为关卡的情形，这都是和法律原则相背离的。

（三）检察院监督难点多

法律赋予检察机关对强制医疗进行监督的权利，但对监督方式缺乏明确具体的规定。实践中检察机关在监督强制医疗解除过程中最常见的问题是，强制医疗机构怕担责，一般不主动提

★ 河北省磁县人民检察院检察官助理。
① 如西安市安康医院《强制医疗条例》规定，首次诊断评估于被强制医疗人入院两年之后进行，以后每年诊断评估一次，强制医疗人员或家属要求评估的，随时安排诊断评估。

出解除意见，而有些病人家属认为病人是负担，不愿意提出申请或接病人出院，还有些病人家属想要申请解除，却没有证明能力，因为医院怠于出具无人身危险性诊断报告。此外，检察机关还存在与公安、法院等职能部门信息对接不顺畅、后续监管不到位的问题。

二、强制医疗解除程序的完善措施

（一）明确强制医疗的评估时间和最长期限

笔者在对强制医疗机构的巡回检察工作中了解到，对首次住院的精神病患者，一个疗程需要3个月时间。如果疗效不理想，还需要合并用药或改变治疗方案，继续观察，需要的时间会更长，往往超过3个月。因此，对被强制医疗对象的首次评估时间应大于3个月，然后每3个月复评一次，至少在达到临床缓解、危险性基本消除的情况下，才能提出解除申请，尤其是精神分裂症患者。[①]根据相关资料，我国精神病人的平均住院时间为6年。而国外的许多科研文献表明，精神病的有效治疗期间平均为3年，最长不超过5年。笔者建议，将我国刑事强制医疗的最长执行期限规定为3年，如果3年期满，精神病人的人身危险性依然没有降低，可报作出决定的法院进行审查予以适当延长。

（二）强制医疗解除的证明责任

根据《最高人民法院关于适用〈中华人民共和国刑事诉讼法〉的解释》第五百四十一条的规定及谁主张谁举证的原则，解除强制医疗程序的证明责任应该由强制医疗机构及被强制医疗的人及其近亲属承担。笔者认为，将证明责任分配给医疗机构及个人有不利影响：第一，人身危险性是一个缺乏明确评价标准的模糊概念，存在利用该概念的模糊性对被强制医疗者无限期剥夺人身自由的可能性。第二，精神病很难彻底治愈，医疗机构的工作人员不愿出具无人身危险性证明。精神病往往需要持续的药物治疗进行缓解，在一定条件下会降低病人的人身危险性，但如果受到外界一定程度的刺激，还有复发的可能，人身危险性又会出现。因此，可以考虑让第三方评估机构参与强制医疗的解除程序，使治疗与最终的诊断评估相分离，凸显强制医疗解除程序的客观中立性、专业权威性。

（三）建立附条件解除程序

目前我国强制医疗都是在医院进行治疗，鉴于精神病人的主治医生往往不愿出具无社会危险性的评估报告，以免承担责任，建议尝试确立强制医疗的附条件解除制度，即只需证明精神病人在一段时间治疗后病情稳定，危险性较小即可，从而减轻医生的心理负担。对尚未治疗痊愈，无法证明已经无人身危险性的被强制医疗患者，经过一段时间治疗，病情稳定后，经鉴定人身危险性较小的，可以允许变更强制医疗方式，即在家属的严格看护和持续的药物治疗下回归家庭，恢复正常生活，从而既可防止过度医疗对其自由的限制，又可防止其危害社会，还可减轻国家负担。

（四）强制医疗解除后的监督

强制医疗解除（包括附条件解除）后的监督，可借鉴社区矫正，由被强制医疗者的监护人

---

① 张钦廷、蔡伟雄：《精神分裂症患者的暴力攻击行为》，载《上海精神医学》2005年第3期。

和基层组织机构、社区矫正机构共同负责。关于涉案精神病人在附条件解除期间应当遵守的义务，可以借鉴被取保候审者的义务并结合强制医疗的自身特点进行规定，如按时复查、报告变动等，社区矫正机构发现精神病人违反或可能违反上述义务时，应当及时向检察院提出。根据本人、监护人或社区矫正机构的申请，作出强制医疗决定的法院可以根据被强制医疗者的现实表现及基层组织、社区矫正机构的证明材料，变更解除强制医疗应当遵守的义务或决定解除强制医疗。检察院根据案件的具体情况，可采取下列处理方式：训斥和警告，要求监护人加强监护，修改或增加应当遵守的义务，对严重违反义务者向决定法院建议作出撤销其强制医疗解除决定。作出决定的法院经审查属实的，应当撤销强制医疗解除决定，进行住院治疗。

商业秘密的刑事保护检视

房 栋 徐 清*

随着法律法规的完善与公民知识产权意识的提升，侵犯知识产权案件数量持续增长，但侵犯商业秘密案件呈现出立案少、追究刑事责任少等特点，反映出本罪在证据收集、运用、认定方面存在一定困境，亟须引起重视。

一、商业秘密刑事保护的司法现状

一是侵犯商业秘密案件的数量少、占比小。调研发现，北京、河北、江苏等地煤炭、石油和电力等行业中，超过62%的企业曾发生过泄密案件[1]。相对于侵犯商业秘密行为高发、多发的现实，2012—2016年该类案件仅占各年审结的侵犯知识产权案件的1%左右[2]，刑事打击的力度与商业秘密侵害的现状极不相称。具体情况见下表。

2012—2016年全国法院审结知识产权犯罪案件情况[2]

年份	审结侵犯知识产权罪案件数	与注册商标有关的犯罪案件数	假冒专利罪案件数	侵犯著作权相关的犯罪案件数	侵犯商业秘密犯罪案件数	侵犯商业秘密罪占比（%）
2016	3903	3647	5	211	40	1
2015	4856	4280	1	528	47	0.9
2014	5103	4331	1	734	37	0.7
2013	4957	3392	1	1499	50	1
2012	7684	4533	63	3018	43	0.5

二是不捕不诉率较高。2013—2016年，侵犯商业秘密案件中未被批准逮捕的犯罪嫌疑人达116人，其中因证据不足不捕的有91人；而同期被审查起诉的278名犯罪嫌疑人中，因证据不足不起诉的有65人。[3]

三是无罪判决率高。2016年，全国法院共审理侵犯商业秘密案件40件，其中北京三级法院一审案件26件，原告撤诉17件，作出判决的只有6件。[4]在中国裁判文书网搜索"侵

---

* 房栋，江苏省南通市人民检察院政治部主任；徐清，南通市人民检察院组织人事处处长。
① 张素英：《我国商业秘密保护现状调查分析报告》，载《大视野》2013年第2期。
② 数据来源于《中国法院知识产权司法保护状况（2012—2016年）》。
③ 数据来源于《中国法院知识产权司法保护状况（2012—2016年）》。
④ 数据来源于《中国法院知识产权司法保护状况（2012—2016年）》。

犯商业秘密罪"，2016年涉商业秘密刑事法律文书共44份，其中二审改判无罪案件1件，发回重审案件5件，二审维持原判的刑事自诉案件4件（一审均认为自诉人证据不足、驳回起诉）。

二、问题之源：证据收集、审查的困境

"商业秘密案就传统的侦查而言，并没有太多特殊之处，甚至相对简单。因为它主要涉及的当事人，尤其在举报当中针对的被举报人都是非常明确的……但是实务中，却常常遇到很多难以把握的地方。"[1]这个"难以把握"集中表现在商业秘密、侵权行为、重大损失的证据收集和审查三个方面。

（一）认定"商业秘密"难

涉案信息是否构成商业秘密是关系到罪与非罪的基础事实，但商业秘密不像专利权、商标权、著作权等具有法定的权利外观，从而带来了以下问题：

1. 调查取证难。商业秘密多体现为电子数据，隐蔽性强，同时极易被销毁且不易留下痕迹。权利人一般在产品市场份额锐减、客户群体离去后才会察觉商业秘密已遭侵权，此时犯罪证据可能已被犯罪嫌疑人销毁，呈现出侵权易、取证难的特质。

2. 判定"秘点"难。商业秘密具有秘密性、经济利益性、保密性的特点，而实践中最具争议的是"秘密性"。证明"秘密性"关键在于寻找、判断和确定商业秘密的"秘点"，但有效判定"秘点"不仅是法律问题，更是技术问题。司法机关面对专业技术问题难免力不从心，可能因笼统认定"秘点"导致无法确认涉案信息具有"秘密性"。如赖某侵犯商业秘密案中，公诉人认为赖某泄露了XJ公司的光扩散板生产配方和技术给XL公司，并确定秘点为"制作光学母粒的配方及其制造工艺"等方面，但仅提供了"光学母粒配方"为非公知技术的鉴定意见，对其他秘点未进行鉴定；辩护人将XL公司的光扩散板与市场上另一公司的同类产品送交鉴定，显示成分相同，法院因此认为，被控侵权公司的产品采用了市场通用配方，不具有秘密性，被告人侵犯商业秘密罪不成立。

3. 证据冲突多、认识分歧大。举报人一般提供鉴定意见证明涉案信息为商业秘密，但立案前侦查机关还要调取证人证言或委托鉴定机构重新鉴定，立案侦查的证据可能与举报人提供的证据相冲突。如李某某侵犯商业秘密立案监督案中，高某公司提交了鉴定意见，证明其焊接工艺、全胶工艺属技术秘密，但侦查机关认为高某公司的焊接工艺、全胶工艺是光通讯企业通用技术而非商业秘密，因此不予立案。高某公司申请检察机关立案监督，检察机关审查后认为高某公司生产的光纤通讯关键部件采用了自主研发的特殊设计和工艺，且得到鉴定意见佐证，因此涉案信息属于商业秘密。

（二）认定侵权难

对于侵犯商业秘密罪的认定，不仅要证明行为人以盗窃、利诱、胁迫或者其他不正当手段获取权利人的商业秘密，或者非法披露、使用或者允许他人使用其所掌握的或获取的商业秘密

---

[1] 鲁周煌：《商业秘密刑事立案侦查的上海实践》，载《中国知识产权》2011年8月（总第54期）。

等行为，还要证明行为人获取的商业信息与权利人的商业秘密相同或实质一致，才能完成对侵权行为的举证。从司法实践看，证明前者相对容易，而对于后者的证明则存在诸多问题。

1. 同一性证据审查不严。实践中，侦查机关往往将从犯罪嫌疑人处搜查所得信息或权利人提交的技术信息作为检材，而较少关注涉案商业信息与权利人的商业秘密是否具有同一性，为后续的诉讼证明带来了隐患。在张某等人侵犯商业秘密案中，权利人恒祥公司称其商业秘密被张某等人披露给华峰公司，公安机关立案后仅将权利人提交的生产工艺及经营信息送检并经鉴定确认属于商业秘密。但在审查起诉阶段，被控侵权的华峰公司将其相关产品的技术报告送检，鉴定意见认为该信息不属于商业秘密，而检察机关将华峰公司与恒祥公司的生产工艺送检，鉴定意见认为两者不具有同一性，因此将案件退回公安机关处理[1]。

2. 以"秘点"为核心的证明意识不强。公安司法人员鲜有专业技术背景，无力对涉案技术问题作出精准判断，导致"秘点"的确定不够准确，进而在取证时无法围绕真正秘点收集检材、提交鉴定意见；同时，诉讼进程中往往任由当事人变更、增减秘点，并据此反复鉴定、多头鉴定，鉴定意见相互冲突，间接动摇了整个"侵权"证明体系。在蒋某侵犯商业秘密一案中，权利人、侵权人、司法机关就对涉案信息是否属于商业秘密先后做了6次鉴定，且权利人在2次鉴定中均变更了秘点，最终导致二审法院认为涉案信息不具"秘密性"而改判无罪[2]。

3. "同一性"鉴定标准把握不一。商业秘密的同一性鉴定指鉴定机构对涉案信息与权利人的商业秘密逐一比对，以判断两者是否属于同一技术，而鉴定意见一般表述为："有 X 个技术信息相同，有 Y 个技术信息实质相同"。但实践中的问题在于：有多少个技术信息相同才能认定涉案信息与商业秘密的同一性呢？在孟某等人侵犯商业秘密一案中，B公司认为其离职员工将本公司研发的"网络播放器源代码"带到A公司，A公司利用该源代码研发并出售产品。侦查机关委托了三家鉴定机构对涉案源代码进行鉴定，鉴定意见认定的"同一性"比例均不相同，使得检察机关无法作出证据充分的认定，最终作出不起诉决定。

（三）认定"重大损失"难

对于侵犯商业秘密罪中"重大损失"的认定，在理论上有损失说、获利说、价值说等诸多观点，司法解释也未明确损失的计算范围和标准[3]，导致实践中"公检法"三机关对于损失的证据收集与运用等方面存在诸多问题，造成"重大损失"认定难。

1. 证据收集的目标不明确。侦查机关有时调取企业内部的财务会计资料，收集侵权人或权利人的销售利润或数量资料，而有些企业的财务管理不完善，财务会计资料缺失，使得"重大损失"的证据收集更加混乱；也有侦查机关"眉毛胡子一把抓"，同时收集"非法获利""商业秘密价值""利益损失"等相关证据，而由此确定的不同损失数额可能会天差地别，不仅影响罪刑轻重，还可能导致罪与非罪之争。

---

[1] 陶新琴：《商业秘密侵权案件中鉴定结论的采信》，载《人民司法·案例》2009年第24期。
[2] 蒋光辉二审刑事判决书，(2017)苏02刑终38号。
[3]《最高人民检察院、公安部关于经济犯罪案件追诉标准的规定》(以下简称《经济案件追诉标准》)、《最高人民法院、最高人民检察院关于办理侵犯知识产权刑事案件具体应用法律若干问题的解释》均未对如何计算重大损失数额、应当考虑哪些相关因素给出一个明确的标准。

2.损失鉴定的认定困难。在赖某侵犯商业秘密一案中，侦查机关提供了三份"重大损失"的鉴定意见，其中司法会计鉴定意见认为权利人XJ公司主要客户扩散类产品销售收入减少1641万余元，当地价格认证中心核定XJ公司经济损失128万余元，而某资产评估公司认为XJ公司拥有的"生产扩散板的技术"价值520万元。不同鉴定机构甚至同一鉴定机构意见相悖的鉴定意见造成审查认定证据的困难。

3."重大损失"的考量因素模糊。鉴于侵权人获益难以穷尽所有可能影响损失的因素，在上海、江苏等地，侵权人的销售量与权利人利润率的乘积成为计算"重大损失"最主要的方法。那么，检察机关除了证明销售量和利润率外，应否提供证据证明权利人的产品在市场上是否居于排斥地位这一因素？若是市场上存在与权利人的产品一样的其他厂家产品，侵权人增加一个单位销售量不等于权利人必定减少了一个单位销售量。此外，计算权利人的利润时，应否剥离生产成本、销售成本、其他非商业秘密等技术对利润的贡献也是应当考量的重要因素，但理论和实践上对此均无定论，不仅影响着执法尺度，更对收集、审查证据产生了一定困惑。

三、实践视角下的解决路径

证据是刑事诉讼的基础和核心，而能够达到"证据确实、充分"的标准关系到能否有效地打击侵犯商业秘密犯罪。笔者认为，应在分析问题与总结经验的基础上，加强顶层设计、弥补犯罪构成缺陷，同时探索制定证据收集审查的指导性规范，加大对商业秘密的刑事保护力度。

（一）完善立法，弥补犯罪构成的实践缺陷

一是以司法解释的形式科学区分侵犯商业秘密罪的行为方式。对"间谍型""暴力型"侵犯商业秘密行为，应设定较低的损失标准或考虑设置为情节犯，对"违约型"侵犯商业秘密行为，应坚持重大损失标准。

二是以规范性法律文件的形式明晰"重大损失"的范围及具体认定标准。建议"损失数额"的认定模式为，优先计算权利人损失，只有在权利人自身损失数额难以计算的情况下，才可将被告人因侵权所获利润视为权利人损失；而在涉案商业秘密因侵权为公众所知悉的前提下，可根据该项商业秘密的商业价值确定损害赔偿额。若同时存在两种或两种以上的认定标准，可采用"择一重"的原则处理。

三是细化各种认定模式的计算方法。对于被告人获利模式的计算方法，笔者建议采用"被告人获利=权利人产品因侵权造成销售量减少的总数×权利人每件产品合理利润"的做法；权利人销售量减少的总数难以确定的情况下，侵权产品在市场上销售的总数×权利人每件产品的合理利润可以视为权利人因侵权所受损失。

（二）探索制定侵犯商业秘密犯罪的证据收集审查指导性规范

一是针对商业秘密的认定问题，可要求权利人在报案时，必须明确商业秘密的具体保护范围和具体秘点，并论证其"秘密性"；侦查机关立案后，应注意提取相关检材并同时进行秘密性和同一性鉴定。侦查和检察人员在办理案件时，应注意听取相关领域专业技术人员的意见，准确判定秘点及秘点对产品和技术方案的贡献率。

二是针对商业秘密案件中鉴定技术标准和规则缺失的现状，应明确检材的提交要求、鉴定

范围，"非公知性"与"同一性"的鉴定方式和鉴定程序。对一些专业性问题需要鉴定但欠缺具有专门资质的司法鉴定机构的现状，应明确可以指派、聘请具有专门知识的人进行检验，出具的检验报告可以作为定罪量刑的参考，有效解决辩方以鉴定人或鉴定机构不在司法行政部门公告的人员和机构名册之中而否定鉴定意见的难题。

（三）探索建立专业人员辅助侦查、审查制度

检察机关可以借鉴最高法和地方知识产权法院建立的技术调查官制度[①]，建立相应的技术调查官辅助办案制度。一方面，应设立专业技术人员专家库，就侦查、审查及审理过程中遇到的具体技术问题向专家咨询，提升收集和审查认定证据的能力；另一方面，应探索在侦查和检察环节中允许专家辅助人、技术调查官参与诉讼，帮助办案人员判定秘点、协助提取检材、辅助审查认定证据，有效弥补办案人员在证据收集、审查、认定等方面的能力短板。

（四）设立专业化的办案组织

当前，我国法院系统的知识产权办案专业化建设已经卓有成效，"三审合一"的专业化审判模式对侦查机关、检察机关进行办案组织改革提出了相应的要求。笔者认为，可由省会城市或者市一级公安机关、检察机关相对集中办理侵犯商业秘密案件，建立一支专家化的办案队伍；加快培养精通知识产权法律、外语基础好、有知识产权专业背景的侦查和检察人才，形成专业化的刑事办案力量；通过举办专题培训，邀请知识产权领域研究学者、业界精英及相关犯罪实务专家授课等方式，帮助公安司法人员储备专业知识，提高对相关法律法规的理解和运用能力，实现对商业秘密的有效刑事保护。

[①] 2014 年 12 月 31 日，最高人民法院颁布了《关于知识产权法院技术调查官参与诉讼活动若干问题的暂行规定》，明确了技术调查官的职能定位、配置数量、选任条件、管理模式、职权行使等关键问题。此后，北京、上海、广州三家知识产权法院相继制定了《技术调查官管理办法》《技术调查官参与诉讼活动规则》等制度，建立起技术调查官制度。

公益诉讼中检察机关调查核实的问题与对策

王　振　孙秀明　冯桂波[*]

2017 年 7 月，检察机关提起公益诉讼制度正式在全国实施，开创了具有中国特色的检察公益保护之路，但检察公益诉讼工作中的调查核实权的属性及其运用问题在相关法律中并没有明确规定。实践中检察机关的调查核实工作面临着重重困难，阻碍着公益诉讼效能的充分发挥。这就需要从理论和实践上对该问题进行理性思考，为检察机关调查核实权的充分行使奠定基础、指明方向。

一、调查核实权行使的实践问题

（一）证据收集模糊

调查核实工作的主要目的在于收集充分的证据材料，以证明公益诉讼是否存在坚实的事实基础，其中包括具体受损的公益对象是什么、受损程度如何、致损原因是什么、利害相关方有哪些、政府相关部门是否负有监管职责等等。特别是在环境污染类公益诉讼中，对于水污染、土地污染、大气污染的损害程度鉴定等专业性问题都是公益诉讼必要的事实和证据因素。但是当前民行检察人员素质能力现状难以满足诸多较为专业的调查核实工作要求，导致在调查核实过程中无法快速甄别取证对象以及取证过程的无序性，形成了一种证据收集过程中的模糊性，导致调查核实的质量不高。

（二）调查核实程序不规范

实践中，调查核实过程缺乏规范性文件进行引导，在具体行为上往往表现出主观随意性，对于哪种证据该如何调取以及该遵循什么规范均没有固定程序，而程序性记录的缺乏也进一步加剧了调查核实程序的不规范性。

（三）利益相关方不配合

检察机关对于侵害公益的行为进行打击，同时对于负有监管职责的行政机关违法行使职权或者不作为问题进行监督纠正，督促其依法履行职责，由此牵涉到包括行政机关在内的多方面利益主体。一些相关利益主体以部门或者个人利益为重，导致检察机关在调查核实过程中无法得到积极认可和配合，在实际工作中相关行政机关甚至从参与调查核实公益损害情况到检察建议书的回复与落实，都缺乏足够的主动性，很大程度上导致了公益诉讼调查核实过

---

[*] 王振，天津市宝坻区人民检察院民事行政检察部检察官助理；孙秀明，天津市宝坻区人民检察院公诉部检察官；冯桂波，天津市宝坻区人民检察院民事行政检察部检察官助理。

程的乏力局面。

二、调查核实困境的原因分析

（一）指导性规范不健全

最高检在 2015 年发布的《人民检察院提起公益诉讼试点工作实施办法》（以下简称《办法》）第六条规定了检察机关调查核实的具体方式[①]，但是后续并未明确各种调查核实方式的开展程序。而最高法、最高检发布的《关于检察公益诉讼案件适用法律若干问题的解释》（以下简称《解释》）第六条的规定同样赋予了检察机关在公益诉讼中的调查核实权，但依然属于原则性规定。实践中，各地的公益诉讼调查核实的开展情况往往依赖检察官的个人或集体素养，缺乏统一规范的指导直接影响着具体调查核实工作是否能够规范有序开展，进而影响着调查核实的证据效果和后续工作质量。

（二）公益诉讼队伍力量及专业性不足

检察机关提起公益诉讼制度在全国铺开，但实践中民行检察部门的人员力量难以满足公益诉讼业务的需要。同时，民行检察人员在办理公益诉讼业务中也是初学者，之前的民行监督业务知识难以满足公益诉讼业务的专业性要求，对于诉讼中调查核实工作的业务性要求缺乏经验积累。

（三）调查核实权的刚性不足

虽然《办法》和《解释》规定，对于检察机关的调查核实，行政机关及其他有关单位和个人"应当配合"，但并未规定在有关方面不配合的情况下，检察机关该如何处置或者对方该承担什么责任。在没有责任追究机制予以支撑的情况下，难以取得理想的调查核实效果。

三、调查核实权行使的机制保障

公益诉讼的实施必须考虑合理的司法成本与行政成本，综合采取以下举措，以确保调查核实权的有效行使，确保调查核实程序的顺利进行，确保对公共利益的有效保护。

（一）建立针对公益诉讼的专题汇报请示机制

为了更好地解决调查核实工作中遇到的问题，排除相关阻力，检察机关应及时将案件办理情况、问题与困难以及协调处理情况向当地党委、人大作专项报告，最大限度地争取党委人大支持。

（二）建立多方参与主体之间的协调联动机制

检察机关在调查核实过程中，应尽快建立多方参与主体之间的协调联动机制，形成公益保护合力。一方面，加强当地政府的沟通协调，对于涉案行政机关不配合调查的情况，适时同政府领导进行汇报沟通，争取政府领导支持；加强与环保、国土资源以及食品药品安全监督管理

[①]《人民检察院提起公益诉讼试点工作实施办法》第六条规定："（一）调阅、复制有关行政执法卷宗材料；（二）询问违法行为人、证人等；（三）收集书证、物证、视听资料等证据；（四）咨询专业人员、相关部门或者行业协会等对专门问题的意见；（五）委托鉴定、评估、审计；（六）勘验物证、现场；（七）其他必要的调查方式。"

等部门的沟通交流与协作配合，最大限度获取各行政主体的理解，通过建立案件信息共享平台、重大情况通报制度，充分发挥各行政机关在公益保护领域的优势；加强对行政机关的监督制约，充分发挥诉前检察建议功能，推动行政机关主动履职纠错，主动保护公益。另一方面，加强检察机关内部各职能部门之间的协调配合，可以通过建立公益诉讼工作领导小组的形式，由检察长统一指挥、协调调查核实过程中的人员调配、资源整合等工作，为调查核实工作提供"人、财、物"基础。

（三）建立行政主体的综合考评与追责机制

为了进一步提高涉案行政主体配合调查工作的积极性和主动性，一方面检察机关可以请示当地党委，将相关责任主体是否积极配合和支持检察机关公益诉讼工作纳入到行政机关的绩效考评体系，作为一项或者多项明确的考核指标督促涉案行政主体及时主动配合调查工作。另一方面，可以提请当地人大出台规范性的责任追究办法，将公益诉讼调查核实过程中不服从或者不配合检察机关工作的行政主体行为纳入责任追究范围，允许检察机关要求行政机关重新或者补充提供调查材料，即当检察官认为调查取证结果无法证明案件事实或者证据不足时，有权要求相关责任主体及时补充提供相关证据或者按要求配合检察机关重新调取证据，而对于故意干扰检察机关调查核实或者明显不配合的行政机关人员，承办检察官有权制发检察建议予以警告，必要时可以将相关问题线索移送纪检监察部门依法处理。

（四）建立公益诉讼队伍的专业化建设机制

首先，为保证公益诉讼办案工作顺利推进，在内设机构改革中要大力加强公益诉讼案件专门的办案组织建设，足额配备员额检察官和相应的辅助人员组成办案组办理公益诉讼案件。其次，要大力推进队伍专业化建设，特别是要加强食品科学、药剂学、金融学方面的人才建设，通过强化培训实战，加深对专业知识、法律法规的掌握，提高司法办案、信息搜集、协调指导、规范司法等核心战斗力。要建立相对固定的"食药环"案件专业办案小组，通过邀请行业专家作专题辅导、司法机关与行政执法机关互派人员挂职活动，不断提升检察人员办理"食药环"案件的能力水平。再次，要建立公益诉讼专门人才培养的长效机制，强化业务知识学习和岗位技能培训，不断提高民行人员发现线索、调查核实、庭审应对等能力，打造一支懂行政、会调查、善公诉的公益诉讼专业队伍。

（五）建立信息网络技术融合的调查核实机制

实践中，检察机关既要为公益诉讼办案团队配好配齐航拍无人机、便携式水污染检测仪等高科技硬件设备，也要综合运用大数据、区块链、卫星遥感等现代科技，提高在破坏生态环境、自然资源保护领域的线索发现和调查取证水平；同时，联合有关部门共同开发专门的公益诉讼鉴定分析系统，助力破解公益诉讼调查难、取证难的实务问题。此外，检察机关还应利用现代科技，以最大限度的客观性、合理性为目标，统一各类公益诉讼案件办理的标准和尺度，提升检察公益诉讼工作的司法规范化和专业化水平。

审查起诉阶段检察官可采用"三步阅卷法"

席正清　刘　莉★

阅卷是审查起诉工作的首要环节，是公诉检察官应当具备的基本功。科学合理的阅卷方法，对于检察官依法客观全面审查案件，准确分析案件事实和法律问题，厘清案件事实及其证据间的关系，作出正确判断和处理，具有十分重要的作用。笔者结合审查起诉工作实践，对审查起诉阶段检察官阅卷方法作一探讨。

一、司法实践中检察官阅卷的基本方法

司法实践中，检察官阅卷方法各异，因案因人不同。我们通过对各级检察机关公诉检察官阅卷方法实地考察和分析归类，认为大致有以下几种。

一是按序阅卷法。即按照诉讼程序和立卷顺序阅卷审查。该方法一般适用于审查案情简单，犯罪嫌疑人、被告人认罪的一审案件。由于这类案件卷宗所反映的事实证据比较清楚，案情相对简单，案卷材料较少，所以在审查起诉意见书后即可对侦查机关移送的案卷按照诉讼程序和立卷顺序阅卷审查，从而准确把握案件事实证据和程序合法性问题，为提起公诉和出庭支持公诉提供支撑。

二是重点阅卷法。这种方法多用于二审上诉、抗诉和再审案件，阅卷审查中以一、二审裁判文书为重点，围绕犯罪嫌疑人、被告人的供述和辩解，重点审查法院裁判适用法律是否准确，量刑是否适当，上诉、抗诉、决定再审的理由是否充分，依法分析判断证明有罪和无罪、罪轻与罪重、程序是否合法的证据，据此形成证据体系，作出最终处理决定。

三是列表阅卷法。即按照时间顺序和案件基本情况，对多个犯罪的实体和程序证据逐一梳理，每人一表，每案一表，按时序、供述、证言等分类列表，通过横向对比、纵向印证的方式阅卷审查，从而对全案和各犯罪嫌疑人、被告人的犯罪事实了然于胸。

四是对照阅卷法。即在阅卷审查时针对每一具体案件进行对比审查，对直接证据和间接证据、言词证据和实物证据等证据间的关系进行分析比对，查明案件中收集的证据是否具有客观真实性，是否可以用来证明案件事实。

五是边阅边拟阅卷法。即在阅卷审查的过程中发现问题，一方面拟制阅卷笔录，另一方面对阅卷中发现的证据瑕疵问题、需要依法补查的问题、提审中需要重点讯问的问题等做好笔录，归纳梳理，为进一步审查提供依据。

★ 席正清，甘肃省兰州市人民检察院副检察长；刘莉，兰州市人民检察院公诉部助理检察员。

以上方法各有其自身特点及实用价值，也有一定局限与不足。按序阅卷法若用于一案多人、一人多案等案情复杂的案件，容易使办案人陷入卷宗难理头绪的窘境。重点阅卷法若用于一审起诉案件，则可能因对起诉意见书反映的案件事实先入为主而对阅卷审查造成误导。列表阅卷法侧重对案件实体问题的审查，由于对程序问题多为一般审查，容易造成对证据来源及合法性审查的不足，相关瑕疵证据作为证据使用时证明力明显降低。对照阅卷法通过对比审查确定作为定案依据的证据，对可能缺失的证据、存在缺陷的证据提出补充侦查意见，但该种方法还需同时运用其他方法才能对案件全面审查，增加了办案人的工作量，不利于工作效率的提高。边阅边拟阅卷法使办案人无需在阅卷后单独制作阅卷笔录、拟制讯问提纲，有利于提高阅卷审查效率，但该种方法容易造成阅卷思路混乱、脉络不清，亦需交叉使用其他方法方能完成案件审查。基于此，如何在司法实践中采取具有普遍适用性、可行性、易操作的阅卷方法，显得尤为重要。

二、对检察官阅卷方法的思考

通过对实践中检察官阅卷方法的还原再现和对比分析，笔者认为"三步阅卷法"不仅适用于审查起诉阶段的各个环节，也适用于其他案件，可以避免现有阅卷方法的不足与局限，在实践中便于操作，可以推广采用。

第一步，重点审查程序问题。该阶段主要是对案件的程序性问题进行审查，通过程序合法性审查，对案件事实与证据作基本了解。这部分包括两个层次：一是对管辖权的审查。随着互联网的高度发达，传统的地域界限变得越来越模糊，案件的管辖权需要认真审查，否则，容易在管辖范围方面产生后续性困扰及司法资源的浪费。二是对时限的审查。刑事案件报案、受理、立案、拘留、逮捕、变更强制措施、延期、侦查终结、移送审查起诉等均有法定期限。检察官阅卷审查必须将办案期限及程序合法性作为审查的重点，并纠错补正，保证案件程序合法。同时，掌握案件基本情况、证据构成，对所有证据形成基本轮廓，从中识别主要证据和核心证据，并确认相关证据合法有效，从而理清全案基本脉络，为下一步全面阅卷审查做好铺垫。

第二步，全面仔细审查案件。公诉检察官应当以全面细致、严谨慎审的态度全面审查、分析判断各类证据。

首先，审查每一证据取证程序的合法性。一是对主观证据的取证合法性进行审查。通过审查询问、讯问笔录的时间、地点，侦查人员姓名、单位，笔录形式要件是否合法、是否存在笔录"拷贝"，同步录音录像是否符合法定要求等情况，要求对收集程序、方式存在瑕疵的证据予以补证或作出合理解释，否则不得作为定案的依据。二是对客观证据的取证合法性进行审查。通过审查物证、书证是否为原物、原件，副本、复制品与原件、原物是否相符、是否经过辨认，经勘验、检查、搜查提取、扣押的书证、物证是否有相关的笔录或清单，清单上是否有见证人的签名及是否对物品的特征、数量、质量、名称等注明，物证、书证在收集保管过程中是否受到破坏或改变，对现场遗留与犯罪相关的血迹毛发等是否鉴定，鉴定单位及鉴定人是否有资质等情况，对收集程序方式存在微小瑕疵的证据要求补证；对存在不能补证或不能合理解释的重大瑕疵证据予以排除或要求重新收集、勘验或鉴定；对确认为通过非法手段获取的证据或虚假证据坚决予以排除。其次，通过审查证据梳理案情脉络，构建证据体系。这个过程要把握两点：一是逐字逐句分析案卷中的每一份证据材料，标出疑问，抓住认定案件的关键点，通过对照印证其他证据，梳理出完整的案情脉络；二是根据案情脉络重构案卷证据体系，以案件的时间顺序为主线，以认定案件的关键证据为核心，在阅卷笔录中通过先程序后实体、先客观后主观的排列方法逐一列举证据，将零散的证据完整化、系统化，具体、直观地重现案件事实，为下一步案件准确定性及处理打牢基础。

第三步，在整体把握案情及证据的基础上，突出重点，精细审查证据，形成证据链条，作出处理决定。首先，复核证据，查漏补缺。对照之前两步阅卷重现的案件事实和证据框架，核对全案证据。通过对证据的取舍、矛盾点的排除、情节的深入分析，对认定的事实与证据间的关联情况分组归类，确定足以认定的事实和情节、未查明而应继续查明的情节、应收集而未收集或不能收集的证据等，补查排除证据，形成证据链条。其次，重点审查，作出处理。通过补查遗漏证据、补强薄弱证据、排除非法证据，确定认定案件事实与定罪的核心证据，关键核心证据与其他证据是否印证，认定案件事实的证据是否确实充分、能否形成完整的证据链以还原案件真实情况，从而作出是否需要退回补充侦查、是否达到起诉标准、是否能够定罪量刑的法律评价。

值得提出的是，阅卷审查是检察官处理案件的主要途径，特别是通过阅卷对于求证每一案件细节，纠防冤假错案，在法庭审理中有效指控犯罪，掌控庭审局面具有重要作用。随着社会的发展，审查起诉中遇到的疑难案件日益增多，辩护人介入刑事诉讼的方式不断变化，尤其是侦查人员的证据意识往往跟不上法庭审理的认知方式与证明标准的变化，提起公诉、出庭支持公诉的检察官引导侦查、指明补查方向、提出补查措施以及自行补查的压力与日俱增。如果不能从阅卷中发现证据疑点、证据瑕疵和非法证据，不能正确判明补查收集证据的方向途径，就会弱化公诉质量效率、削减庭审质证力度、影响司法公正的实现。由此可见，掌握科学有效、易于操作、灵活运用的阅卷方法，对于提升检察官综合素能、提高公诉案件质量具有重要的现实意义。

刑事拘留后未报捕案件如何监督

河南省鄢陵县人民检察院课题组★

刑事拘留（以下简称"刑拘"）是侦查机关遇有紧急情况，暂时限制现行犯或重大嫌疑分子的人身自由的一种强制措施，可以由公安机关自行决定并执行。近年来，社会各界对刑事案件侦查过程中刑拘措施的适用多有关注，"大抓大放"等现象为公众诟病。我们就刑拘后未报捕案件如何进行检察监督进行探讨。

一、刑拘后未报捕案件侦查措施适用中存在的问题

刑拘后未报捕案件分两种情况：一是刑拘后直接移送审查起诉的（不捕直诉），二是刑拘后未移送审查起诉的，包括"挂案"和撤案两种情况。刑拘后未报捕案件中违法采取刑事拘留措施，实践中主要表现为违法立案后的刑拘、采取拘留措施后长期不侦查不结案或者变更为取保候审甚至违法结案等。

据统计，2016 年 1 月 1 日至 2017 年 9 月 30 日，河南省鄢陵县公安机关共刑拘犯罪嫌疑人672 人。其中，提请批准逮捕498 人，占刑拘总数的74.1%，未报捕174 人，占刑拘总数的25.9%。未报捕的174 人中，有处理结果的159 人（包括移送审查起诉、取保候审未到期、当事人和解后作撤案处理或行政处罚处理），无处理结果15 人，占8.6%。刑拘后未报捕案件涉及罪名主要集中在故意伤害（轻伤）、寻衅滋事等聚众型犯罪、盗窃诈骗等多发性侵财犯罪、交通肇事等过失犯罪等案件。

实践中，有的侦查机关不当适用或者变更刑拘措施主要有以下情况：一是为了考评而立案、刑拘。为了完成立案任务，侦查机关将未达到刑事立案标准的案件进行立案侦查并采取拘留强制措施，或者为了提高破案率，对犯罪嫌疑人造成心理压力而先行拘留。二是办案人员法律素养不高。首先是对案件定性把握不准致使采取拘留措施不当。如在张某盗窃案中，张某系某公司员工，盗窃公司财物2000 元，公安机关以其涉嫌盗窃犯罪立案侦查并刑拘。但是经过侦查发现，张某系利用职务便利侵占公司财物，其行为认定为职务侵占更为适宜，但按照职务侵占罪的立案追诉标准，上述数额达不到立案标准。其次是一些侦查人员重口供，对其他证据关注不够。如在杨某强迫卖淫案中，杨某一直供述戚某系自愿卖淫，但是其他证据能够证实杨某在自己的美容美发店内多次强迫戚某卖淫并将其反锁在房间内的事实。但公安机关却因杨某

★ 本文为河南省人民检察院 2017 年度检察调研课题"刑事拘留未报捕案件监督问题研究"的部分研究成果。课题组负责人：汪伟宏，河南省鄢陵县人民检察院检察长。课题组成员：苗福翠，鄢陵县人民检察院法律政策研究室主任；曹家玮，鄢陵县人民检察院检察官助理；贾豪，鄢陵县人民检察院检察官助理。

没有供述，而以"事实不清、证据不足"为由将刑拘变更为取保候审，且在取保候审期间未作进一步侦查取证，导致案件没有正常终结。三是图方便而不规范执法。首先，在一些轻伤害、交通肇事案件中，先对加害方予以刑拘，在达成和解或赔偿到位之后再以"不应追究刑事责任"予以撤案。例如，在王某故意伤害案中，王某因地界问题与邻居李某发生纠纷，后王某对李某进行殴打，致李某轻伤。该案属典型的邻里纠纷引发的轻伤害案件，但是公安机关却对王某采取了刑拘措施并延长至30日，直至和解成功作出撤案才将王某释放。其次是任意延长刑拘期限。刑事诉讼法第八十九条第二款规定，对于流窜作案、多次作案、结伙作案的重大嫌疑分子，提请审查批准的时间可以延长至30日。实践中，公安机关在适用这一法定延期规定时，经常突破法律规定，以"案情复杂"为由将一些既不属流窜作案、结伙作案，又不属多次作案的犯罪嫌疑人刑拘期限延长至30日。再次是"以拘代侦"，不管犯罪嫌疑人犯罪事实如何，也不管是否有必要采取刑拘措施，一概予以刑拘。四是存在利益驱动。实践中，有的侦查机关或者侦查人员插手经济纠纷，违法采取刑拘措施，以便从中获得利益。

二、检察机关对刑拘措施监督中存在的问题及探索

实践中，对上述类型案件进行监督存在两个难题：一是难以及时了解侦查机关刑拘措施的采取时间，二是发现违法刑拘后缺乏足够的纠正手段。

目前，有的地方检察机关成立了派驻公安机关执法办案管理中心检察室，对刑拘未报捕案件和其他侦查活动进行监督，取得了一定成效。比如，2017年第二季度北京全市派驻中心检察室共发现立案监督线索141件、侦查活动监督线索60件，监督立案24件，监督撤案28件，发出纠正违法通知书2份，发出纠正违法检察建议2份，起诉2人。但实践中，派驻检察室在运行中存在着监督刚性依然不足、不能及时充分了解案情、不能自主查阅卷宗等问题。具体包括：一是缺乏法律明确规定。1993年最高检印发的《人民检察院乡（镇）检察室工作条例》虽然勉强可以作为设立派驻公安机关检察室的依据，但该条例只是一个原则性规定，并未赋予检察室监督的足够强制效力。二是派驻公安机关检察室的职能不明确。三是设立派驻公安机关检察室的保障机制不健全。派驻公安机关检察室的设置与否完全取决于地方公安机关、派出所的认同和支持程度。派驻检察官可采取哪些措施发现公安机关在办案过程中的违法行为，发现问题后如何纠正，是否由员额检察官直接决定都没有依据。

三、刑拘后未报捕案件存在问题的原因

相关法律或者规范性文件没有对刑拘后未报捕的情形如何进行规制作出具体规定，是出现上述问题的原因之一。除了立法因素，还包括以下原因：

（一）一些侦查人员缺乏法治理念

一是存在重实体、轻程序的观念。案卷中存在刑拘手续不完备、解除刑拘措施没有相应的法律文书等现象。二是缺乏人权保障理念。侦查人员没有严格按照法律要求履行职责，"重打击轻保护""有罪推定"等现象不同程度存在。三是没有树立正确的政绩观。有的侦查人员为了完成工作指标，随意采取刑拘措施。

（二）检察机关获取刑拘信息的滞后性和来源单一性

检察机关获取刑拘措施适用信息主要有两条渠道：一是从公安机关提请批捕和移送起诉的案卷材料中获取，二是从刑事执行检察部门的监督信息中获取。但在刑事执行检察业务专业标准中，强制措施检察岗仅仅设置了对被逮捕后的犯罪嫌疑人、被告人进行羁押必要性审查，对犯罪嫌疑人、被告人的羁押期限是否合法实行监督，对指定居所监视居住的犯罪嫌疑人、被告人的监管活动是否合法实行监督这三个监督项目，说明如果案件不存在超期问题或者未采取逮捕措施，则不属于其监督范围，导致检察机关了解刑拘信息滞后和来源单一。

（三）检察机关的监督手段有局限且无强制性

实践中，检察机关发现公安机关违法行为后的监督手段主要有以下几种：一是针对违法情节较重的情形制发纠正违法通知书；二是针对一般违法提出检察建议书；三是针对比较轻微的违法行为进行口头纠正违法；四是退回补充侦查。虽然有四种监督方式，但是法律没有明确规定公安机关拒绝纠正违法行为应当承担的法律责任和后果，检察机关的监督意见是否落实主要靠公安机关自身是否愿意采纳。

四、完善检察监督机制

（一）对刑拘后未报捕案件进行检察监督的原则、理念

对刑拘后未报捕案件中的拘留措施进行侦查监督应坚持合法性原则、程序公正原则、诉讼资源优化原则，实现公正与效率相统一。检察机关在监督中要坚持以下工作理念：第一，监督是为规范侦查行为、提高取证能力、形成工作合力、保证案件质量；第二，监督是参与不干预、引导不主导；第三，监督是依法监督和创新方式相结合。

（二）明确检察监督权限

1.赋予检察机关获得监督信息的权力。目前来看，设立派驻公安机关检察室，主要是为了及时了解刑拘措施的适用情况以及相关案件信息。实际上，如果公安机关不赋予登录权限，设立派驻检察室也不能获得相关信息；如果经公安机关同意，在目前信息技术条件下，在检察机关同样可以获得相关案件信息。我们认为，可以有两种路径作为选择。

一是修改人民检察院组织法，明确驻公安机关检察室的职责和权限，对刑拘未报捕案件进行监督时在检察权运行方式和保障机制上提供保障。具体内容是：（1）明确派驻公安机关检察室对各类违法线索的初核职能。派驻公安机关检察室属于检察机关的一部分，具有独立性，对其辖区范围内的控告、检举和自首材料进行审查，控告、检举材料情况不清，难以确定其性质的，报检察长批准后有权对线索初核；线索材料比较明确具体的，由检察室进行查处，检察室的职权应限于对侦查违法行为的监督和处理，做到不失职，不越位。（2）坚持设立与管理并重。进一步强化管理意识，上级院要对下级院派驻公安机关检察室工作进行考核评比；检察官在检察室的履职绩效应纳入个人工作业绩按照全院标准统一考评，确保检察室工作不游离于全院管理之外。（3）明确职责。派驻人员中应该有员额检察官，发现公安机关违法行为后，轻微的口头纠正，严重的下达纠正违法通知书，由员额检察官自行决定，并及时跟踪监督改正情况。派驻检察室人员可以对所有刑拘后未报捕案件存在问题进行处理，利用计算机全程留痕的功能，对值班情况进行检查，并实行责任倒查机制。（4）建立健全相关工作制度，规范派驻工作。派驻检察官的职能定位是"查询、引导、监督、配合"，即查询案件受理、立案及侦查活动情况，依法开展立案监督和侦查活动违法监督，引导公安机关侦查取证等具体职能。其中，"查询"是派驻工作的核心，要建立信息查询制度，规范案件信息查询工作。

二是在设立派驻公安机关检察室有困难的情况下，可以从以下几方面着力：（1）充分发挥刑事执行检察部门的作用。被采取刑事拘留措施的人员在看守所被收押后，驻所刑事执行检察人员应当立即告知侦监部门，以便其及时掌握相关信息。（2）检察机关与侦查机关建立联席会议制度，推动与侦查机关的信息共享，定期进行信息共享通报，特别是对刑拘情况进行通报。实现与执法办案管理中心信息平台的深度对接，督促并引导侦查机关全面、准确、及时填录相关内容，适时提出信息平台的完善建议，确保信息共享发挥实效。（3）在法律中明确规定，公安机关采取刑拘措施后，应当及时告知检察机关相关信息，比如在3日内向检察机关备案，或者在检察机关设置有权登录公安机关案件信息系统的专用接口，赋予检察机关独立查看执法办案信息的相关权限。

2.赋予检察机关更为刚性的监督手段。一是建议修改刑事诉讼法，赋予检察机关对侦查活动监督的强制性手段，确保监督取得成效。二是检察官针对不纠正违法的情况，可以报院主要领导同意后，制作处分决定，报当地监察委，对当事人予以惩戒；情节严重，可能构成职务犯罪的，检察机关可将线索移送当地监察委。

（三）配套机制的完善

1.进一步加强对立案活动的监督。检察机关应当通过实地巡查、查阅电子卷宗、登录信息平台查看电子数据等方式发现监督线索。深入主城区、城乡结合部、刑事案件高发区域公安派出所，采取查看案件登记台账、查阅相关文书、定期通报等方法获取公安机关各刑侦队所掌握的现场执法、当事人报案等案件信息，形成全方位立案监督格局。

2.理顺上下级、部门间衔接配合关系。一是强化上下级统筹指导和部门间协作配合。由上级检察院加强对辖区内刑拘后未报捕案件监督工作的统筹谋划和综合指导，进一步用好数据通报、调研座谈等方式手段，与有关部门密切联系、有效沟通，及时发现问题、排除阻力。二是强化同检察机关内部相关部门的协作配合，进一步厘清职责权限、理顺衔接关系，加强信息共享和沟通交流。

3.落实司法责任制改革要求。突出检察官的办案主体地位，结合刑拘后未报捕案件监督特点和司法责任制改革推进情况，进一步完善检察官权限清单、履职清单，明确检察官、检察官助理的工作职责，健全办案组织体系，切实将司法责任制改革各项要求落到实处。

新时期检察机关案件管理工作创新发展思考

刘　峰*

最高检全面推行案件管理机制改革以来，检察机关的案件管理工作取得了明显成效。当前全面落实司法责任制的新形势，对案件管理工作又提出了新要求。新时期如何实现案件管理工作的创新发展，需要认真思考。

一、当前案件管理工作面临的新形势

（一）全面落实司法责任制，建立科学合理的案件承办确定机制

前期，基本建立了随机分案为主、指定分案为辅的案件承办确定机制，最大限度减少了分案的人为因素，确保了分案公正。随着司法责任制的全面落实，特别是内设机构改革的加快推进，案件承办确定工作又遇到新难题，如分案不均衡问题，需要案管部门继续抓好这项工作，进一步升级完善统一业务系统的分案功能。

（二）全面落实司法责任制，建立与新的办案机制相适应的管理和监督体系

落实司法责任制，放权是方向和原则，但放权的同时还要加强管理和监督。在当前检察权运行机制改变的情况下，案管部门迫切需要研究加强管理和监督的有效方式，强化业务枢纽地位，建立起一种与新的办案机制相适应的全院、全员、全过程的管理和监督体系。

（三）全面落实司法责任制，建立科学合理的检察官业绩评价体系

司法责任制改革是个系统工程，如果相关配套措施跟不上，做不到权、责、利的有机统一，就可能达不到预期效果。目前，检察官的业绩评价体系还没有真正建立起来，如在绩效奖金发放问题上，各地虽然进行了许多有益探索，但在全国层面上还未形成科学合理的方案，不利于提高检察人员多办案、快办案、办好案的积极性。如何建立以履职情况、办案数量、办案质效、司法技能、外部评价等为主要内容的检察官业绩评价体系，迫切需要案管部门会同相关部门认真研究、多方论证、尽快完善。

二、做好新时期案件管理工作的思考

（一）进一步整合检察机关内部的管理监督职能

在全面落实司法责任制的过程中，特别是在突出检察官办案主体地位、减少内部管理监督层级的情况下，更加需要发挥专门性集中管理监督的作用，也迫切需要进一步整合检察机关内

★ 山东省菏泽市人民检察院案件管理处副处长。

部的管理监督职能。当前，全国检察机关正在加快推进内设机构改革，这为进一步整合检察机关内部的管理监督职能提供了契机。

（二）进一步更新案件管理工作的基本理念

案件管理是内部监督，必须有科学的理念。做好新时期案件管理工作必须树立"以严管厚爱促双赢多赢共赢"的理念，正确处理好管理监督与服务保障的关系，为了爱护对方去管，与被监督者共同努力防范问题发生，这样案管部门才有作为，才能赢得被监督者的理解和支持。

（三）进一步聚焦案件管理工作的主责主业

管理和监督作用的发挥情况，直接关系到案件管理机制改革的成效。一是全面开展案件流程监控。注重加强对关键节点的监控，尤其是把好案件进出口关，充分发挥案件受理审查和送案审核作用；注重加强对强制措施适用、诉讼权利保障、办案责任制要求落实等重点方面的监控；注重加强对重点案件的监控，合理确定重点案件的范围。二是深入开展案件质量评查。注重发挥案管部门的主导作用，制订详细的评查计划，督促计划的执行；注重突出评查重点，把评查重点放在影响司法公信力的问题上，对一般性的程序问题主要在流程监控环节予以解决；注重改进评查方式，综合运用常规抽查、重点评查、专项评查等手段，改变单纯计量打分的方式，兼顾对案件的定性评价和整体评价，实行问题导向与正面激励相结合。三是抓好业务分析。既要及时反映面上情况，也要关注单项业务工作、重点业务环节、突出业务问题，为检察长和检委会科学决策提供重要参考和依据。

（四）进一步加强案件管理工作的标准化和智能化

在不断探索总结的基础上，案管部门制定了一系列制度规范。但这些制度规范多是粗线条的，不利于案件管理工作的精细化发展。因此，案件管理的标准化建设亟待提上议事日程，尽快将制度规范进一步细化为案件管理的业务标准，加快制订包括统一受案标准、流程监控标准、案件质量评查标准等在内的一整套案件管理业务标准。

近年来，案管部门在统筹业务信息化方面发挥了重要作用，但案管部门自身的信息化建设水平不高，极大地限制了案件管理职能作用的发挥。因此，要紧紧抓住智慧检务建设的历史机遇，找准案件管理工作和人工智能的结合点，依托统一业务应用系统，尽快研发案件流程监控系统、案件质量评查系统、检察官业绩考核系统等，提高案件管理工作的自动化和智能化水平。

（五）进一步推动案件管理工作的产品化和应用化

司法办案的产品是案件，那么案件管理工作的产品是什么？多年来，在案管部门的履职过程中，这一问题一直没有引起足够的重视。案管部门履职由于拿不出产品化的东西，使得案件管理工作在实践中受到质疑。随着案管部门履职手段的丰富，特别是智能化手段的应用，案管人员应切实提高产品意识，切实把履职的结果产品化。

多年来，案管部门在业务监管中多是就问题解决问题，缺乏深度应用，如监管结果没有和司法责任制、检察官业绩考核、检察官任职和晋职晋级挂钩等。因此，应当在案件管理工作产品化的基础上，推动案件管理工作产品的深度应用。只有案件管理工作的产品发挥出最大效能，案件管理机制改革的目标才能得以实现。

公安机关侦查活动中存在的问题与对策

李郑阳　汪宇堂*

笔者结合近年来考评情况，针对公安机关侦查活动中存在的问题进行调研分析，并就如何发挥检察监督作用、解决这些问题提出具体意见。

一、当前公安机关刑事侦查活动中存在的问题

（一）存在滥用刑事拘留措施和提请逮捕权的情形

部分公安机关忽视人权，盲目推崇刑事拘留措施。一是以拘代侦、以拘促调。在未掌握相应证据的情况下拘留涉案人员，或者以刑事拘留作为手段迫使双方当事人达成和解。二是出于对不科学的刑事拘留考评指标的考量。对一些不应拘留的适用刑事拘留措施，或者刑事拘留后再变更为监视居住、取保候审，为了规避责任再提请逮捕，既侵犯了案件当事人的合法权益，又造成了司法资源的浪费，致使不批捕率居高不下。三是为了转移信访矛盾。对一些有信访苗头的案件，为转嫁矛盾滥用刑事拘留措施，并移送审查提请批准逮捕。

（二）存在怠于侦查的情形

一是立案后取证不及时、不到位导致案件证据不足无法处理。二是部分案件因证据欠缺不符合提请批准逮捕条件或者提请批准逮捕后检察机关不批准逮捕，但案件本身有继续侦查的必要，公安机关对犯罪嫌疑人变更强制措施后，怠于侦查，导致案件长期搁置无法进入下一个诉讼程序。三是对已经批准逮捕的案件，不继续扩大战果或及时完善调取证据，移送起诉时基本还是审查批捕时的证据，经过退查后有的案件失去了侦查时机，无法完成侦查任务，导致捕后存疑不诉或被判处轻刑。

（三）对取保候审、监视居住的决定把握不准且怠于监督

采取取保候审、监视居住或者刑事拘留后变更为取保候审、监视居住的，公安机关应当明确告知犯罪嫌疑人应遵守的规定以及对违反规定的处罚，并对犯罪嫌疑人实施监督、约束，继续侦查、保障诉讼。有的公安机关对取保候审、监视居住的决定把握不准，且对犯罪嫌疑人怠于监督，存在传唤不到案现象，致使诉讼无法进行，不得不重新提请逮捕，浪费司法资源。

（四）对一些疑难复杂案件侦办不力

如电信诈骗类犯罪案件，公安机关将犯罪嫌疑人刑事拘留后在延长30日拘留期限内，侦查方向不明，侦查重点不清，也不邀请检察机关提前介入引导侦查，或者自以为能够逮捕而仓

★ 李郑阳，河南省南阳市卧龙区人民检察院法律政策研究室主任；汪宇堂，南阳市人民检察院检察官。

促提请逮捕，导致案件事实不清无法批捕，既浪费了延长拘留期限的侦查时机，不捕后又给侦查带来困难。

（五）刑拘后提请逮捕质量不高

2017年河南省南阳市卧龙区公安机关共采取刑事拘留措施1362人，其中提请逮捕人数为1068人。提请逮捕后，检察机关作出批准逮捕决定613人，不批准逮捕455人，其中不够罪不捕6人，无逮捕必要179人，事实不清证据不足不捕270人，不批准逮捕人数占提请逮捕总人数的42.6%。

二、造成目前侦查工作症结的因素

（一）轻视保障人权执法理念

在有罪推定理念尚未完全根除的情况下，一些公安机关办案部门忽视人权保障，对案件把关不严，草率适用拘留措施，导致无罪的人可能受到非法羁押。

（二）对适用拘留措施缺乏有效的外部监督机制

司法实践中，侦查活动监督往往是通过审查批准、审查起诉案件的方式开展，但是对于公安机关立案后未进入检察诉讼环节的案件，长期以来一直是侦查活动监督工作的盲区。检察机关对违法刑事拘留活动的监督手段主要有三种：发出纠正违法通知书、检察建议书及口头纠正。由于法律没有明确规定被监督机关拒不纠正违法行为须承担何种法律责任，导致检察机关的监督手段缺乏法律强制力和执行力，严重缺乏刚性。

（三）当事人和解导致部分案件在侦查环节被消化处理

这方面主要涉及交通肇事和轻伤害案件。对于交通肇事案件，侦查初期公安机关为督促赔偿损失，对犯罪嫌疑人采取刑事拘留措施，犯罪嫌疑人与被害人方达成和解协议后，随即变更强制措施。而对于轻伤害等案件，被害人可走自诉程序，亦可向公安机关控告。当公安机关受理立案，经侦查对犯罪嫌疑人采取拘留措施后，当事人双方往往又自行和解，要求不追究犯罪嫌疑人刑事责任。此类案件，公安机关可以撤销，也可以直接移送审查起诉。

（四）前期侦查不力导致案件失去取证时机

个别侦查人员缺乏责任心、办案经验和侦查技能，侦查不到位，证据没有及时固定，在检察机关因事实不清、证据不足作出不捕决定后无法再次提取关键证据。

三、对侦查活动加强检察监督的建议

（一）建立刑事立案同步监督制度

着力完善以下两项机制，变事后监督、被动监督为提前监督、同步监督，有效遏制不该立案而立案以及立案后以罚代刑、违法撤案情况的发生。一是完善刑事案件信息通报制度。检察机关应主动与公安机关沟通、协调，建立联席会议制度并形成会签文件，规定公检两家定期召开联席会议，相互通报刑事发案、立案、破案、撤案、转治安处罚和刑事立案监督等具体工作情况，重大案件随时通报。二是完善刑事案件定期审查机制。检察机关可以根据立案监督的需要，定期到公安机关了解办案情况，审查立案、撤案理由，督促办案进度，引导侦查取证，加强立案监督。

（二）建立刑事拘留案件备案审查制度

对于采取刑事拘留措施的案件，公安机关应当以局为单位，以"周"或"月"为期限，及时将对犯罪嫌疑人采取拘留措施、延长拘留期限以及变更、解除强制措施的情况、案件进展情况报送检察机关侦监部门备案。检察机关经审查发现公安机关适用拘留措施不当的，应当及时提出纠正意见，要求公安机关进行纠正；对于公安机关变更强制措施的，及时监督、督促、引导侦查取证，保障刑事诉讼顺利进行。

（三）加强刑事案件提前介入，严把取证关

对重大疑难案件，特别是群体性事件引发的案件，流窜作案、涉案人员多的案件，新类型案件，证据分歧意见较大的案件，公安机关侦查部门要主动邀请检察机关提前介入引导侦查。检察机关侦监部门要积极派员提前介入，提出具体的侦查取证意见，尤其是固定证据和补充证据的意见，及时发现和纠正侦查活动中的违法情形。

（四）完善事实不清、证据不足不批捕案件跟踪制度

对事实不清、证据不足不予批准逮捕补充侦查的案件，检察机关应制定详细的补充侦查提纲，列出需要查清的事实和需要收集、核实的证据，必要时可与公安机关办案部门或办案人共同研究，当面说明需要补充侦查的事项。公安机关长期不重新提请批准逮捕的，应定期催办，要求公安机关说明情况；对正在补充侦查、直接移送起诉、撤销的案件，应分别登记；对撤销和拟撤销的案件，公安机关应在作出决定前与检察机关沟通研究或者报检察机关备案审查，使每件事实不清、证据不足不予批准逮捕补充侦查的案件都有结果。

（五）严格执行捕后改变强制措施备案审查制度

对经检察机关批准逮捕后的犯罪嫌疑人，公安机关认为需要变更强制措施时，应将变更强制措施的根据和理由先向检察机关通报。检察机关侦监部门应指派专人进行审查，发现有不符合变更强制措施的情况，及时加以纠正或与公安机关共同研究解决；对违法变更强制措施的人员，应纠正违法，并建议给予行政处分，涉嫌犯罪的，依法追究刑事责任。

（六）建立犯罪嫌疑人出入所信息反馈制度

检察机关侦监部门应当加强与看守所、刑事执行检察部门的沟通联系，建立犯罪嫌疑人出入所信息反馈制度。刑事执行检察部门应当及时了解并登记刑事拘留犯罪嫌疑人的基本情况及入所、出所时间，特别是未提请逮捕而变更强制措施以及超过法定期限而未移送起诉的犯罪嫌疑人信息，并及时将登记的信息情况反馈给侦监部门。侦监部门应及时审查，切实加强对刑事拘留措施适用的监督，防止刑事拘留措施滥用以及案件流失。

（七）建立检察机关侦监与公诉部门的沟通联系制度

检察机关侦监部门应当加强与公诉部门的沟通联系，及时了解并掌握刑事拘留后犯罪嫌疑人移送起诉的情况，特别是刑事拘留后变更强制措施案件犯罪嫌疑人以及刑事拘留后未批准逮捕案件犯罪嫌疑人、批捕后变更强制措施案件犯罪嫌疑人的情况。对于上述刑事拘留后未撤销案件而变更强制措施的犯罪嫌疑人，发现公安机关久侦不结，未移送起诉的，监督公安机关继续侦查取证；对于符合移送起诉条件的案件，监督公安机关移送起诉；对于公安人员违法违纪的，纠正违法，并建议给予相应处分，严重的追究刑事责任。

第三方力量参与检察机关矛盾化解实证研究

王秋杰*

第三方参与在检察机关和当事人之间架起一座桥梁，最大限度地增加和谐因素，减少不和谐因素，有利于化解矛盾，同时增强对检察工作的监督，提高检察公信力。笔者以北京市四个基层检察院实行的第三方参与矛盾化解探索为样本，分析该机制在运行过程中存在的问题，提出完善建议。

一、北京市部分检察机关第三方力量参与矛盾化解的实证探索

为推进落实涉法涉诉信访改革，北京市部分检察机关探索引入第三方参与矛盾化解机制，邀请人大代表、政协委员、律师、学者、人民调解员、社会组织等外部力量，对重大疑难案件提供法律意见和建议，为上访群众解答法律问题，提供心理咨询和帮助，取得了初步成效。

（一）案件范围

目前，适用第三方参与矛盾化解的案件类型集中于刑事申诉案件和信访案件。为增强第三方参与矛盾化解的可操作性，部分检察机关制定规范性文件，规定第三方参与案件的范围，如北京市检察院制定的《北京市检察机关刑事申诉案件公开审查工作实施细则》（以下简称《实施细则》）规定第三方参与的公开审查案件范围为：对于案件事实、定罪证据、适用法律、量刑有异议，导致申诉人对案件结果不服或者有较大社会影响的刑事申诉案件。

（二）第三方人员范围

《实施细则》规定的受邀人员比较广泛，涵盖面较广。实践中，北京市部分检察机关在第三方人员的范围上形成了三种模式：一是与司法行政部门建立合作关系，聘请律师专门配合相关案件的法律解释、法律咨询及法律论证等工作。二是与在京高校、民间组织、人大代表、政协委员建立合作关系，聘请相关专家、学者，参与案件专门知识的答疑释惑、心理疏导及调解工作等。三是借助检察官联络室、网格管理平台，联系基层部门，协助化解矛盾。

（三）参与职责

第三方力量参与检察机关矛盾化解，主要发挥以下作用：一是解答信访群众提出的法律问题、案件涉及的专业问题，提供咨询意见。二是对信访群众进行法律宣传教育，为其指明出路，避免缠访、闹访的发生。三是参与刑事申诉案件公开审查，担任公开审查案件的听证员，发表专业意见、进行法律论证等。四是通过参与申诉案件评查，要求办案单位进行整改、纠

---

* 北京市大兴区人民检察院检察管理监督部检察官。

正，或妥善答复信访人和申诉人，推动检察机关提升办案效果。

（四）参与效果

第三方人员参与的主要目的在于化解矛盾，实现法律效果和社会效果的统一。不仅如此，检察机关还注重将第三方参与矛盾化解工作与解决案件或信访当事人实际困难相结合，针对当事人反映的关系到其切身利益的法度之外、情理之中的问题，协调有关方面，尽可能帮助当事人解决生活实际困难，最终达到息诉的目的。

二、第三方参与矛盾化解工作模式存在的问题分析

（一）适用案件难选取

第三方参与矛盾化解机制发挥作用的前提是要有合适的案件，通过程序参与进行释法说理、感情引导等工作，促使信访人和申诉人接受检察机关的处理决定，达到息诉的效果。

1.信访案件。根据中央政法委《关于建立律师参与化解和代理申诉涉法涉诉信访案件制度的意见（试行）》（以下简称《意见》）的规定，对于涉法涉诉案件律师都可以参与。实际上，很多信访案件都可以邀请第三方参与，促进矛盾化解，避免缠访、闹访，但出于接访人员不足、精力有限等原因，没能邀请第三方参与矛盾化解。

2.刑事申诉案件。《人民检察院刑事申诉案件公开审查程序规定》（以下简称《规定》）第二条规定公开审查只适用于不服检察机关处理决定的刑事申诉案件，对不服法院生效刑事判决、裁定的申诉案件进行排除，这在很大程度上压缩了公开审查案件的范围，也限制了第三人参与矛盾化解的空间。实践中，基层院普遍存在案件数量少，可选用的公开审查案件更少的实际情况。另外，针对案件开展公开审查，还要考虑公开审查效果、申诉人是否同意等多种因素，适宜开展公开审查的案件少之又少。

（二）第三方人员难选择

1.第三方人员的非专业性。虽然《规定》中参加公开审查活动的第三方人员覆盖面较广，具有较强的代表性，但这些人员的非专业性导致其存在对公开审查工作不了解、不擅长，影响案件公开审查的效果。

2.第三方人员的非中立性。设计第三方参与矛盾化解机制的初衷在于与案件无利害关系的第三方以中立的角度释法说理，疏导教育，引导信访人和申诉人依照正确途径解决问题。但实践中，第三方人员的选择由检察机关单方面决定，选择受邀人员时除了考虑政治素质、专业素质外，很可能会夹杂一些感情色彩，受邀人员的中立性不易保证，影响审查结果的接受度。

（三）程序设计不完善

1.以检察机关依职权启动为主。实践中，第三方参与矛盾化解工作基本上都是检察机关主动提出，在征得当事人同意的基础上启动的，当事人提出申请的不多。这反映出当事人对于第三方参与矛盾化解机制不知情、不了解，从而使第三方平台利用率低，未能充分发挥其真正价值，同时也增加了矛盾化解的难度。

2.权利救济缺失。虽然《规定》赋予申诉人公开审查的申请权，但是并没有规定救济机制，容易使申诉人的合法权益受到侵害。

3.中立性难保证。《规定》第七条规定，公开审查活动由承办案件的人民检察院组织并指定主持人。听证会的主持人由检察机关指定，存在检察人员当运动员兼裁判员的现象，审查结果不易被申诉人接受，不利于化解矛盾。

三、完善第三方参与矛盾化解机制的思路

（一）确定案件范围

从案件难易程度、社会影响和人力资源的角度考虑，并非所有的案件都有必要引入第三方参与。从北京目前的实践来看，适用第三方参与矛盾化解的案件类型集中于刑事申诉案件和信访案件。这两类案件本身范围较为广泛，笔者认为也应有所限制。

1.刑事申诉案件的范围。就刑事申诉案件而言，《规定》第五条明确的条件为"案件事实、适用法律存在较大争议，或者有较大社会影响等刑事申诉案件"。该规定可理解为实践中通用的重大、疑难、复杂案件。就具体案件而言，笔者认为第三方参与的刑事申诉案件范围应当有所扩大，既包括对本院作出处理决定不服提出的刑事申诉案件，也应将对法院处理决定不服提出的刑事申诉案件纳入进来。另外，对于息诉困难、潜在社会危险性大的案件，可引入权威的第三方听证，对案件进行充分的法、情、理论证，结论才能更有信服力和说服力，更被申诉人接受。

2.涉法涉诉信访案件的范围。就信访案件而言，《意见》并未有所限制，但第三方参与所有案件显然不符合现实，也应有所规制。笔者认为，以下案件可适用第三方参与：一是检察机关依法作出处理决定，信访人对决定不服，缠访、闹访的；二是不属于检察机关管辖的信访事项，经引导当事人到相关部门反映问题，当事人仍坚持认为应由检察机关管辖的案件；三是无理访或者存在过激访、越级访等行为的；四是上级机关或检察长决定邀请第三方参与的案件。

当然，在规定第三方参与案件范围的基础上，应对不能参与的案件范围进行明确。涉及国家秘密、商业秘密、个人隐私、未成年人犯罪、当事人不同意邀请第三方参与化解的，或者其他不适宜第三方参与的，不宜纳入第三方参与的案件范围中。

（二）建立第三方人员信息库

1.确定第三方人员的范围。笔者认为，第三方人员范围的确定应从实际出发，加强应用性，应从下列人员中选取：人大代表、政协委员、人民监督员、专家学者、律师、人民调解员、居委会或村委会人员等。其中，最重要的是要发挥律师的积极作用，建立完善律师代理申诉制度。律师基于自身的中立性、专业性和规范性，参与矛盾化解可提高处理的质量、增加意见的可接受性，成为检察机关化解社会矛盾的有益补充。

2.建立第三方人员信息库。就北京市检察机关而言，没有固定的专家人员库，每一个听证案件检察机关需要自行寻找、邀请听证员，听证员的缺乏、资质经验的不确定增加了听证组织工作的难度和效果。因此，有必要从市级检察院层面建立统一的第三方人员信息库，提高针对性和专业性，增强应用性。在确定第三方人员范围的基础上，根据专业、特长、区域、性别等进行分类，在具体应用时根据案件实际情况及当事人的不同需求，从信息库内选择合适人员。

（三）加强宣传，扩大群众知晓

1.利用好办案资源。检察官应将办案本身延伸为以案释法的阵地和平台。在办理刑事申诉

案件或接访过程中，主动将第三方参与化解矛盾的机制告知当事人。另外，将第三方参与社会矛盾化解的内容制成宣传册，于检察接待大厅发放给来访者。

2.借助新媒体平台。主动及时将第三方参与化解社会矛盾的相关法律法规和典型案例通过"两微一端"、门户网站、新闻媒体向社会大众进行宣传，增强群众对该项工作机制的认知度和接受度。

3.将"互联网＋"理念融入第三方参与矛盾化解机制。可借助互联网信息技术，开设远程视频接访平台，当事人不用到检察机关，检察人员和第三方在检察机关利用接访平台进行法律政策解释、思想疏导等工作，完成接访，化解矛盾。

（四）完善程序设计

1.启动方式。对于第三方参与矛盾化解，有检察机关依职权和当事人依申请两种方式。在当事人提出请求，检察机关经审核后认为不符合条件的情况下，如果当事人仍向检察机关提出异议，由检察机关进行审查，存在不妥。比较可行的方法是，从第三方人员信息库里选择律师，让其为当事人从法和理的角度进行释法说理。

2.主持人。为保证第三方参与取得预期目的，主持人应保持中立地位，与听证事项及争议双方都没有利害关系，并需要得到争议双方的认可。笔者认为，可由与案件无利害关系的第三方担任主持人，由检察人员、当事人分别阐述观点。

3.第三方人员。为保证第三方人员参与行为的中立性，应采取当事人自主选择和检察机关随机选择的方式。当事人先提供想邀请的第三方人员名单；无法提供名单的，应在第三方人员信息库内选择。检察机关可在接待大厅设置触摸屏，当事人根据案情自主选择第三方人员参与矛盾化解。当事人不愿意选择或放弃选择的，检察机关在信息库内随机选定。

4.参与方式。第三方应以何种方式参与到矛盾化解中，有人认为，"第三方主体可以通过预约接谈、专家咨询、信访化解、帮扶救助、信访听证、心理疏导等方式参与涉诉信访矛盾化解工作。"[①]第三方参与方式具有多元性，在方式的运用上具有灵活性，单一的方式无法满足实践的需要。如专业咨询，当事人对于检察机关作出的处理决定不服的，律师可为当事人进行法律解释；而故意伤害案件，法医则可为当事人提供医疗方面的专业咨询。

5.角色扮演。第三方参与到矛盾化解中，需要扮演以下角色：一是引导者。这种角色主要针对律师、学者等专业法律人士，案件类型针对信访案件。第三方从专业角度分析信访案件，引导当事人选择正确的法律途径，避免缠访、闹访。必要时，在信访人同意的基础上，形成代理关系，帮助当事人采取合法途径解决问题。二是参与者。检察机关根据案件需要启动公开审查，第三方根据专业优势对当事人的问题进行答疑解惑，使其能够正确理解检察机关的处理决定。同时，第三方对检察机关的办案进行监督，发挥社会监督的作用。三是主导者。当采用法定方法不能化解矛盾时，就需要第三方扮演主导者的角色。第三方发挥自身优势，坚持法、情、理相结合，代检察机关向当事人作进一步的解释、答复、疏导安抚、申请社会救助等，提高案件终局处理的可能性，达到息诉罢访、化解矛盾的目的。

---

① 邱建民、熊峰：《第三方参与涉诉信访化解工作的探讨》，载《人民法院报》2016年1月7日。

基层民行检察及公益诉讼工作问题及对策

刘志勇*

随着检察改革的深化，民事行政检察工作地位日益凸显，特别是公益诉讼工作已引发社会广泛关注，如何实现民行检察及公益诉讼工作新发展也自然成为检察机关急需研究的重点课题。笔者对基层民行检察工作进行调研发现，民行检察办案数量呈现较大增长趋势且案件主要集中在环保和食药安全领域，地方党委政府和群众对民行检察工作给予了理解和支持，同时工作中存在诸多问题需要引起重视。

一、基层民行检察及公益诉讼工作中存在的问题

一是基层院民行检察部门人员不足、能力不强问题相当突出。由于受编制限制，民行检察部门人员数量严重不足，与民行检察工作特殊地位不匹配，民行检察专门人才还十分缺乏，业务能力不强问题严重制约着工作开展。

二是案件来源匮乏仍是当前基层院的主要矛盾。民行检察工作尚未形成广泛的社会效应，群众申诉举报热情有待进一步提高，特别是"党委重视、检察主导、政府各部门协调联动"的大格局尚未形成。同时，检察机关与被监督部门信息共享、配合联动机制还不健全，检察机关内部各业务部门之间的线索发现与移送机制有待完善。

三是案件调查强制措施和手段不够有力。由于部门利益等原因容易发生暴力抗拒调查的现象，对恐吓威胁办案人员等问题缺乏有效回应手段，严重制约了调查核实工作正常进行。

四是调查技术装备及经费保障还不到位。民行检察工作主要涉及环境资源、国有资产保护、国有土地使用权出让及食药安全等重点领域的不作为、乱作为问题，在调查认定事实证据上技术手段还相对滞后，如何运用信息技术收集固定证据还有待进一步探索。同时，专门机构鉴定费用高昂，仅由基层检察院或地方财政垫付难以承受。

五是地方部门保护问题仍存在。民行检察监督主要对象是污染企业和直接负有监督职责的政府有关部门。监督对象中有的是地方利税大户，有的涉及地方政府部门领导干部，在查处上很容易出现干扰。

二、加强民行检察及公益诉讼工作的建议

一是切实强化民行检察办案队伍人员保障和业务素能。适应民行检察及公益诉讼发展需

---

* 河北省阜城县人民检察院党组副书记、副检察长。

求，强化机构建设，充实办案力量。加大对民行检察人员的系统培训，让民行检察人员及时充电，以适应办案需要，提高办案质量；同时应强化上级院对下级院工作指导，充分发挥上级院经验多、知识面广的资源优势，对基层院在工作方法及策略上及时提供指导帮助。要建立专家咨询机构，对涉及各领域专门业务知识及时提供专门意见建议，为案件把关，提供智力帮助，解决检察人员知识面窄、专业人员不足等实际问题。

二是广辟案件来源渠道。加大社会宣传力度，利用各种媒体宣传民行检察基本知识，宣传检察公益诉讼取得的成果，增强群众举报信心，进而了解支持检察机关工作。建立民行检察巡回接访制度，利用乡镇检察室接待乡村群众举报咨询；借助12309检察网络平台，开辟民行检察申诉专门网页，方便群众参与；与内外相关部门建立联席会议制度，实现信息共享，提高案件线索发现和移送率。

三是突出民行检察监督工作重点。在重点抓好环保、食药安全等领域案件的同时，积极探索对侵害英雄烈士荣誉名誉、损坏公共基础设施等方面的案件延伸，扩宽民行检察和公益诉讼工作的覆盖面。在监督手段上以督促履职为基本手段，立足被监督单位自动纠错，促使行政部门积极履职，促进问题得到彻底解决。对个别拒绝接受监督，甚至暴力抗法等行为要依法启动诉讼程序，充分体现监督刚性。

四是完善检察机关技术调查装备和经费保障。由上级院统一研究购置必备的技术调查装备，充分发挥信息技术在收集固定证据中的作用。建立公益诉讼案件鉴定费用国家统一垫付制度，由国家与权威鉴定机构建立统一垫付相关费用机制。

五是建立公益诉讼案件上级院领办和异地交叉办理机制。实行案件线索由市级检察院统一管理、上级院领办与异地交叉办案制度，彻底解决地方部门保护对公益诉讼案件办理造成的干扰阻力。在起诉上由市院统一协调，转由异地法院审理，防止当地法院迫于地方压力而导致案件判决不公问题发生。对当地领导干部干扰办案的要如实记录在案、全程留痕，以便追责，以确保检察机关依法独立行使职权。

六是加强对民行监督案件质效跟踪监督。在广辟案源、保持办案规模的同时，必须对每一起公益诉讼案件一抓到底，进行跟踪整改，全过程监督，对拒不整改的依法向法院提起诉讼。加强对公益诉讼审判活动的监督，对审判、执行活动中存在的违法情形提出纠正意见，确保公益诉讼案件公正判决；对拒不履职的行政部门和渎职人员，按有关规定向纪委监察委移交案件线索，使其受到应有的处理；对公益诉讼案件建立定期回访长效机制，对纠错不到位及屡纠屡犯的，及时再次提出建议，要求其建立长效管理机制，确保违法问题得到彻底和根本性解决。

加大惩防力度遏制扶贫领域"苍蝇式"腐败

孙保平★

随着中央强农惠农政策的密集出台和各级党委对脱贫攻坚工作愈加重视，作为传统的农业、人口大市和省直管县（市）的河南省邓州市，涉及的扶贫项目和资金不断增多，也滋生了扶贫领域"苍蝇式"腐败，关乎民生和群众的根本利益。笔者对邓州市扶贫领域"苍蝇式"腐败现象进行调查研究，为脱贫攻坚工作的深入推进提供参考。

一、扶贫领域"苍蝇式"腐败特点

一是覆盖面广，涉及粮食直补、农资、农机补贴、养殖业奖励扶持、退耕还林、移民迁安、危房改造、医疗卫生、教育培训等领域，涵盖中央确定的脱贫攻坚"五个一批"重点领域。

二是职务犯罪链条长，寄生于脱贫攻坚的生命线。案件发生的部位和环节，与扶贫工作的组织实施体系——对应，形成了从"扶贫领导机构—市直相关职能部门—乡镇政府及基层站所—村级基层组织"—条比较清晰的职务犯罪寄生链条。

三是犯罪黑点多，突出发生在基层。乡镇基层站所及村组工作人员是扶贫工作的具体组织者和实施者，也更容易滋生腐败，其中，村"两委"及其他工作人员贪贿人数比重最大。

四是罪名集中、案值小。罪名主要涉及贪污、贿赂犯罪，但案值大都比较小，多不会判处实刑。从法律效果来看，应引起相关部门的重点关注和思考。

五是后果恶劣，严重影响脱贫攻坚的推进。扶贫领域职务犯罪多发在人民群众身边，损害了人民群众的民生利益，极易激化矛盾，引发上访甚至集体访、越级访。

二、扶贫领域"苍蝇式"腐败原因分析

除了道德理想、文化水平和法治意识淡薄等个人原因，客观原因不容忽视：

一是职能部门对公开扶贫政策不积极、不主动。扶贫主管部门和相关职能部门对扶贫法律法规政策的宣传力度不大，内容不系统、手段不灵活、方式与群众生活结合不紧密，特别是对重要信息不积极、主动公开。大部分村干部对于"两项制度"（即农村最低生活保障和扶贫开发政策）的内容是什么、申报的是哪一年度等情况不清楚，仅有少部分村民知道扶贫资金的事情，对于有多少钱、什么时候下发都不清楚，导致社会公众无法有效监督，方便了暗箱操作。

二是脱贫工作推进情况的监督机制不健全、不完善。首先，上级和本级扶贫办及财政、审

★ 河南省邓州市人民检察院检察长。

计、监察等职能部门对专项扶贫资金监管乏力，缺少制度化、常态化有效管控。扶贫资金的申报、拨付、使用没有形成规范制度，透明度低，缺少有效的审计。扶贫优惠政策的弹性幅度大，很多村委会为了得到更优惠的政策而向扶贫单位的负责人、经办人行贿。其次，乡镇政府及基层站所对扶贫开发项目资金监管不深入。涉农资金的发放需要跨越较多层级，加上惠民扶贫领域的工程项目管理涉及诸多部门，管理上容易出现职能交叉、彼此推诿的现象。此外，涉农资金虽然按规定设立了财政专户，实际收入支出仍由个别领导控制的情形较多，缺乏监督。再次，由于目前村级民主监督制度的不完善，实际工作中存在大量的不经民主评议、评审，村干部私下作决定的情况。

三是惩防力度不大。扶贫领域"苍蝇式"腐败对社会的危害是隐性的，加上该类案件与各类社会主体的利益交织，查处的难度高、压力大、干扰多，往往要与党委、政府主导的统一整治行动相结合、相配合才能取得相应效果。同时，对扶贫领域"苍蝇式"腐败的社会化预防投入少、举措少，预防滞后，且预防措施单一陈旧、耗时费力，导致社会化预防效果不理想，与严惩腐败的高压态势不相协调，与群众的新要求新期待尚有差距。

三、对策建议

（一）强化思想政治教育和扶贫法律法规政策宣讲

相关部门要深入开展廉洁自律教育、廉洁从政教育，提醒扶贫干部严格遵守廉政制度；采取多种形式有计划、有针对性地对扶贫干部进行财务知识、法律知识培训，聘请法律专家开展法律知识讲座；邀请政法机关单位开展"送法下乡"活动，进行普法宣传，增强扶贫干部的法治观念。同时，通过传统媒体和新媒体，结合群众生活实际，积极传递简洁明了实用的扶贫政策、法规、项目、条件、流程等信息，加强宣传实绩考核、问效，确保为群众提供"明白卡"式的服务，方便社会各界监督，遏制暗箱操作。

（二）强化扶贫领域监督跟进机制和资金使用监管

相关部门要着重完善贫困户建档立卡，建好扶贫大数据平台，创新扶贫资金分配、项目审批、组织实施等方面的制度办法；完善扶贫主管部门内、外双重监管问责机制，层层落实监督责任，对财政扶贫资金的申报、审核、分配、拨付、使用、项目实施等环节进行全面检查，加强对扶贫资金的跟踪监督；加强民主集中制，坚持集体决定扶贫款的重大事项，加大信息公开力度，全过程接受社会监督；建立协调议事制度，加强部门横向合作和联系，在资金分配、项目安排和检查验收等各个环节充分协商，协作配合，各负其责，加强资金审计。

（三）强化扶贫领域"苍蝇式"腐败的惩防力度

立足基层扶贫领域"苍蝇式"腐败犯罪面广、线长、黑点多但罪名集中、案值小的特点，调整对该领域职务犯罪的惩防关系，从着重"治标"的惩治向着重"治本"的预防转型，提升综合整治实效，加强执法办案信息公开，着力整合、引导各类社会力量参与，形成社会化预防格局。相关部门在摸清扶贫资金性质、规模以及涉及扶贫资金使用的单位、乡、村等情况，有效梳理资金流向的基础上，深入查找扶贫资金及项目管理中存在的各类问题，厘清资金项目管理部门及牵头部门责任，边查边整改，按照规定和程序，及时处理案件和相关责任人。

聚焦主业精准监督　推动检察工作转型发展

王　伟*

围绕最高人民检察院检察长张军提出的"讲政治、顾大局、谋发展、重自强"的工作要求，笔者就如何做强法律监督主责主业，如何做强新增职能、强化法律监督刚性、推动检察工作转型发展，有以下几点思考。

一、严把关，细审查，精准把握监督事项

一是打通"节点"，形成法律监督合力。打破侦查监督案件和公诉案件分开办理的格局，构建"捕诉合一"模式。比如，可以先实行部分刑事案件从审查批捕到提起公诉由员额检察官或检察官办案组完成；将审查逮捕、审查变更强制措施、羁押必要性审查集中统一实施，提升办案效率，实现动态监督。

二是找准"抗点"，把握案件监督焦点。加强刑事审判监督，全面准确分析案件问题，避免纠缠于细枝末节，增加抗诉的"底气"和"硬气"；准确把握抗诉条件，认真审核每个证据的真实性、合法性和关联性，找准案件改判的突破口；保持对有争议的已判决案件的高度关注，注重在事实证据变化中寻找抗点，从自首、立功等影响量刑的法定情节中寻找抗点，从法条适用不准确等法律适用问题中寻找抗点，从被害人及其法定代理人请求抗诉案件中寻找抗点，从类案量刑是否均衡以及法律变化中寻找抗点。

三是强化"监督"，提升检察工作整体效能。扭转干警"重办案，轻监督"的错误倾向，除检察官对案件中的诉讼监督信息进行常规审查以外，安排专人对监督信息进行整理和汇总；加强法律监督文书的审核把关，要求检察官将拟制的相关文书呈报分管副检察长审核，重大监督事项由检察长、检委会对文书格式的规范性、表述准确性进行审查把关，推动重大监督事项案件化，避免因侦监、公诉"分段监督"导致的重复监督、线索流失和监督空档等问题，促进检察监督工作从各自为战向综合研判转变，从静态监督向动态监督转变。

二、重落实，求实效，强化法律监督刚性

一是捕捉"典型"，以群众支持维护刚性。立足"两法衔接平台"，结合辖区特点和新闻媒体曝光情况，多渠道获取公益诉讼案件线索。围绕辖区群众普遍关心的案件，及时启动诉前程序、制发检察建议，以"解剖麻雀"的心态和方法，对典型案件分析研判，以点带面，打开工

★ 河南省郑州高新技术产业开发区人民检察院检察长。

作新局面。如郑州高新区检察院通过办理"河南省工业大学垃圾山事件""郑州格力公司废弃电器电子产品回收处理项目"等一系列公益诉讼案件，督促环保、国土资源等行政机关依法履行监管职责，积极回应群众对辖区良好环境的殷切期待，提升监督质效。

二是点准"穴位"，以精准监督打造刚性。摒弃简单化、粗放型的监督方式，在监督层次浅、表面化问题上下功夫。一方面，推动重大监督事项案件化办理，严格规范办案流程，对线索受理、立案、调查核实、文书制作、结案归档等监督程序进行细化，通过办案流程的规范化建设，不断提高监督意识和监督水平。另一方面，采取与违法行为及违法程度相适应的监督手段，增强法律监督文书的针对性和说服力，做到法律依据扎实、论证逻辑清晰、遣词用句准确，避免空话、套话以及原因分析和意见建议不深入的问题，使被监督单位信服，让监督对象服气，真正实现精准监督。

三是加强沟通，以监督落实强化刚性。由主要依靠自身力量监督向协作配合、借力监督转变。积极回应群众参与司法的迫切需求，探索检察建议公开宣告制度，设置公开示证、质证、检察建议送达签收等程序，邀请人大代表等进行监督评价，增强法律监督的程序化和透明度；强化与行政机关的有效沟通，将检察建议同时抄送被建议单位的上级主管部门，并将相关公益诉讼案件向当地人大法工委作专题汇报，争取人大对检察机关开展行政检察监督工作的支持。案件办理后，通过召开座谈会、电话回访等方式，及时派专人跟踪落实，做到监督没有回音不止步，问题没有解决不放手，扎实有效地跟踪整改，确保监督实效。

三、换思维，抓队建，提升队伍专业化水平

首先，以换位思维深化思想政治工作，提升干警获得感。把思想政治工作贯穿检察改革和转型发展的全过程是不变的制胜法宝。一是以问题为导向因人施策施教。对全体干警情况进行深入摸底了解，结合心理测验，梳理出不同人员类型和对应特点，通过激励、转化等不同方式，真心实意解开疙瘩、解决问题，让正能量的人越来越多，形成良性循环。二是以成长为导向健全干部选拔任用、考核评价机制。统筹配置现有法律专业人才、军转干部等不同人力资源构成，充分激活业务能力强、政治素质过硬的中坚力量，鼓励青年干警参与管理、发挥主观能动性，促使全院干警思变奋进、人尽其才。同时，制定符合实际的绩效考评和奖金分配方案，适当控制弹性空间，把握"打破大锅饭"与"防止两极分化"的平衡，激发员额检察官和辅助人员的潜能。三是以需求为导向注入更多人文关怀。目前一线干警最大的困扰是晋升空间狭窄，建议理性考虑新老人员接替问题，实现顺利过渡。要充分发挥业务权威和标杆的引领作用，为一线干警畅通职业路径；探索青年干警列席检委会制度，完善检察官联席会议制度等等，为选拔、培养业务精英和年轻骨干搭建平台。

其次，以跨界思维优化队伍建设，提升干警综合素能。建议打破传统观念，深入推行"跨界"理念，加大刑事、民事检察业务以及业务部门与综合部门的深度融合。一是加强刑事、民事检察业务深度融合。开展交叉培训，整合培训资源，打破不同部门之间的业务隔阂，提高队伍综合素能。同时，建议实行弹性办案制度，探索轮流分案机制。二是推进业务、综合部门深度融合。目前"综合部门不懂业务、业务部门不懂综合"的问题，对信息报送、队伍管理等工

作都十分不利，由此需要通过机制杠杆撬动跨部门交流的主动性。如可出台员额检察官考核办法，提高综合性工作的考核比重，并邀请相关业务专家进行全员培训，提升整体调研、信息工作能力。

再次，以改革思维推进矛盾化解，提升干警凝聚力。一是真正建立员额动态管理机制。结合监察体制改革后的新情况规划员额配置，完善员额退出、增补机制，出台员额检察官办案组织实施细则，在充分考虑不同业务工作差异的基础上，确保科学配备员额，充实一线办案力量；完善员额检察官考核机制，建立司法业绩档案，将办案质量作为检察官考核的重要依据，增强员额检察官司法办案的严肃性。如可采用定期考核与年终考核相结合的方式，实行每月一通报、每季度一讲评，若发现员额检察官案件办理存在严重问题，要求其退出员额。二是落实检察权运行监管机制。针对部分员额检察官担当意识不强、主动接受监督意识不强等突出问题，出台详细的错案追责办法和认定细则，通过案件评查发现问题、启动追责；将日常监督情况列入年底绩效考核，切实发挥好检务监督部门、上级业务部门、纪检机构等不同层级、不同类别监督力量的监督作用。三是构建提升司法办案质效机制和科学评价体系。积极适应以审判为中心的诉讼制度改革，对外加强与公安机关衔接；对内建立科学务实的业务考评机制，由重视数量规模向更加注重质效转变，取消单纯的数字考评指标，避免因过于追求考评成绩而导致配合有余、监督不足的问题。此外，以智慧公诉为突破口，通过建立智能辅助办案系统及政法机关文书交换系统等提升司法办案的科技含量，减轻员额检察官的工作负担。

"枫桥经验"在审查逮捕工作中的创新运用

庞丽敏　秦景党[*]

"枫桥经验"从贯彻党的群众路线中走来，在坚持人民利益至上的理念下不断丰富发展。近年来，河北省黄骅市检察院主动融入社会治安综合治理大局，将"枫桥经验"与审查逮捕工作深入融合，不断探索完善轻微刑事案件的公开审查机制，通过办案人员主动牵头调解，有效避免了矛盾激化，进一步提高了检察机关的司法公信力和人民满意度，切实促进了社会和谐稳定。

2015年以来，黄骅市检察院共公开审查提请批准逮捕案件145件，均作出不批准逮捕决定。其中，通过办案人员调解达成和解协议的案件64件，虽未达成和解协议但犯罪嫌疑人家属有赔偿能力且愿意积极赔偿的案件32件，对于既没有达成和解协议也没有达成赔偿协议的，以无社会危险性作出不批准逮捕决定的案件49件。黄骅市检察院开展案件公开审查的核心就是在公开审查中融入调解工作，将公开审查置于检调对接综合治理的大环境中定位谋划，由于释法说理到位，得到涉案当事人和群众的普遍认可，收到良好的法律效果和社会效果。

一、明确公开审查的参与主体

公开审查过程中，在充分保障当事人双方参与权的基础上，允许辩护人、诉讼代理人或犯罪嫌疑人近亲属或其住所地、所在单位的负责人参加，保证公开审查实现多方参与的科学化与民主化。

二、明确公开审查的案件条件

要求进行公开审查的案件一般应符合四个条件：一是犯罪情节轻微，应当判处三年有期徒刑以下刑罚；二是犯罪事实清楚、证据确实充分；三是犯罪嫌疑人认罪悔罪；四是报捕前没有达成和解协议。

三、限定公开审查的内容

对拟作出不批准逮捕的案件，公开审查的内容应紧紧围绕犯罪嫌疑人是否具有社会危险性以及是否具有逮捕必要性来进行统筹考量，避免公开审查脱离中心、降低效率。

---

[*] 庞丽敏，河北省黄骅市人民检察院检察长；秦景党，黄骅市人民检察院检察官。

四、严格落实"五步工作法"

一是做评估，通过评估甄选出拟作公开审查的案件。在审查逮捕过程中，除了对事实和证据进行认真审查外，还应对公安机关收集的涉及证明犯罪嫌疑人社会危险性的证据进行重点审查，加强对社会危险性的分析评估。一方面，对犯罪嫌疑人继续实施犯罪可能性、毁灭证据可能性、逃跑可能性、信访可能性等可能存在的危险性进行评估；另一方面，通过讯问犯罪嫌疑人，主动约见辩护律师、侦查人员听取意见，对犯罪嫌疑人的社会危险性进行综合分析评估，确保审查认定的准确性。对有无逮捕必要的认定，不应以是否达成和解协议为前提，不应因户籍不在本地而予以区别对待。经过审查评估，认为犯罪嫌疑人无社会危险性的，可将案件纳入公开审查范围，进行下一步工作。

二是认真调解，通过调解给双方当事人释法说理，修复社会关系。在公开审查逮捕过程中，坚持"引导而不主持，参与而不干预"的指导思想，利用双方当事人对检察机关的信任，公平公正地督促符合条件的当事人积极和解；注重增加调解的透明度，提高检调对接工作的公信力；讲究调解的方式方法，为双方当事人摆事实、讲道理，分析犯罪发生的原因，讲明当事人在犯罪中所起的作用，最后告知双方当事人调解成功与审查逮捕工作的关系。

三是督速裁，有效防控未达成和解不捕案件的涉检信访风险。对于经过调解后没有达成和解协议的案件，认为犯罪嫌疑人无社会危险性而作出不批准逮捕决定的，实行捕诉衔接制度。在作出不捕决定的同时，督促公安机关尽快完善证据，从快移送审查起诉；同时告知公诉部门通过阅览电子卷宗，提前熟悉案情，案件移送起诉后一般不启动退查程序，保证快诉快审，从而缩短诉讼周期，有效减少检察环节信访事件的发生几率。此类案件决定不捕后，审查起诉时间缩短到一周之内，大大提高了工作效率和质量。比如在张某轻伤案中，双方没有达成和解，但经过审查认为张某无社会危险性，作出不捕决定后，启动速裁程序快速办理，被害人家属到检察院询问时被告知该案已经起诉到法院。不久，当事人双方达成和解，被告人被宣告缓刑。

四是密切跟踪，第一时间发现问题苗头做好预案。与公安派出所所长、矛盾排查员、网格员以及村委会主任建立联系机制，将简要犯罪事实书面告知联系人员，对于通过公开审查作出不捕决定的案件，及时掌握案件被害人的情绪和行为，发现异常及时报告，提前做好预案；同时，随时掌控犯罪嫌疑人的动态，发现有打击报复证人、自杀逃跑等社会危险性行为的，建议公安机关收集固定证据重新报捕。

五是化误解，及时消除不稳定因素。为保证公开审查案件的社会效果，在公开审查工作中增加了不捕见面程序。通过公开审查，对于因当事人双方达成和解而作出不捕决定的案件，当公安机关对犯罪嫌疑人变更强制措施后，由检察机关办案人员对其进行法治教育。对于当事人双方没有达成和解，犯罪嫌疑人也没有退赃，因无社会危险性而作出不捕决定的，当公安机关变更强制措施后，告知公安机关带犯罪嫌疑人至检察院办案警务区，检察人员向犯罪嫌疑人讲明对其不捕的原因和在取保候审期间应当遵守的规定，以保证刑事诉讼正常进行。对于没有达成和解的案件，被害人因不批准逮捕犯罪嫌疑人而信访的，要分清上访的原因、诉求，向其耐心讲解法律规定和不捕后的诉讼程序，同时督促相关部门加快办案进度。

办理扒窃案件的三个困惑及建议

金晓华　李　雅[*]

2013 年 4 月，最高法、最高检《关于办理盗窃刑事案件适用法律若干问题的解释》（以下简称《解释》）第三条第四款规定："在公共场所或者公共交通工具上盗窃他人随身携带的财物的，应当认定为'扒窃'。"司法办案中对此经常出现不同理解，造成实践困惑。主要表现为：

一是刑法总则的"但书"适用颇少。实践中，行为人只要是在公共场所或者公共交通工具上实施了盗窃他人随身携带财物的行为即构成犯罪，而对于是否窃取到财物、财物数额以及盗窃目的、手段、行为人的社会危险性等仅作为量刑因素和是否采取逮捕强制措施时认定社会危险性的依据，极少考虑刑法总则第十三条"情节显著轻微危害不大的，不认为是犯罪"的适用，导致"扒窃"行为一律入罪的情况。

二是对"随身携带"的认识不一致。有学者提出"随身说"，对"随身携带"作宽泛理解，认为是他人带在身上或者置于身边附近的财物；[①]也有学者提出"贴身说"，对"随身携带"作限缩解释，认为仅限于贴身财物；[②]还有学者持"近身说"，对"随身携带"作折衷解释，认为是距离身体很近、占有关系密切的财物。[③]在实务界，有的采用"贴身说"，有的则采用"近身说"。比如，实践中对被害人自行车前篓内的钱包是否属于"随身携带的财物"就出现分歧意见。

三是对是否存在犯罪未遂认识不一致。一种观点认为，只要行为人着手实施了"扒窃"行为，即视为犯罪已完成，不论是否实际窃得财物、造成被害人财产损失，均应以盗窃罪既遂论处，即不存在盗窃未遂；另一种观点认为，"扒窃"属于盗窃罪的一种类型，盗窃罪属于侵犯财产类犯罪，以窃取财物作为既遂标准，未窃取财物视为未遂。

针对以上三点困惑，建议从三个方面综合考虑认定"扒窃"犯罪行为是否应当被追究刑事责任：

一是以犯罪对象潜在的人身危险性认定扒窃"随身携带的财物"。盗窃对象为"随身携带的财物"是扒窃与普通盗窃罪的明显区别，而准确认定"随身携带的财物"是否同时会危及他人的人身安全又是区分普通盗窃与扒窃的关键。无论是上述所列的随身说、贴身说、近身说，

---

[*] 金晓华，河南省襄城县人民检察院检察长；李雅，襄城县人民检察院检察委员会专职委员兼侦查监督科科长。

① 张明楷：《刑法学》，法律出版社 2016 年版，第 955 页。

② 车浩：《扒窃入刑：贴身禁忌与行为人刑法》，载《中国法学》2013 年第 1 期。

③ 周光权：《刑法各论》，中国人民大学出版社 2011 年版，第 97 页。

均是对"随身携带的财物"的一种空间限制，而认定扒窃含义中的"随身携带的财物"主要应考虑对犯罪对象造成潜在的巨大人身危险性。理由有三：一是符合文义解释。辞海对"扒窃"定义为从别人身上偷窃钱物，俗称"掏兜"。按照文义解释，也仅仅限于他人身上的物品。二是符合扒窃入罪的立法本意。扒窃的行为不仅侵犯了犯罪对象的财产权利，同时对其人身造成潜在的随时可能转化为现实存在的危险。三是符合罪刑法定原则。普通盗窃与扒窃应有明显的区分。如犯罪对象骑自行车带有一挎包，不能简单以挎包是否挎在身上去区分行为人行为属扒窃还是盗窃，即挎包挎在身上，行为人盗窃属扒窃不容置疑，如挎包放在车前篓内或者后篓内，则应以挎包与被害人的紧密程度来分析行为人行为时是否会对犯罪对象的人身造成潜在伤害。如挎包挂在自行车上，或者放在加有盖子的自行车前篓内，或者紧挨着被害人放置，虽未挎在身上，但容易被被害人发觉，且发觉后会产生可能侵犯人身的行为后果，应认定为扒窃。

二是以犯罪行为结果的社会危害性认定扒窃是否属于"犯罪情节显著轻微"。社会危害性是犯罪的主要特征之一，扒窃能否入罪，既要考虑到刑法总则与分则的统一性，也要考虑行为本身结果的社会危害性，如情节显著轻微危害不大的，应适用刑法第十三条但书规定，不认为是犯罪。理由有三：一是符合刑法的谦抑性原则。不考虑犯罪情节，仅凭实施了扒窃行为即追究刑事责任的话，会扩大盗窃罪的打击范围，有违刑法的谦抑性原则。二是符合主客观相一致原则。行为人不是以数额较大财物等为目标，因饥饿、急需用小额金钱等特殊原因而临时起意窃取他人随身较小数额财物的，应充分考虑其犯罪目的、犯罪情节、悔罪表现等，综合分析认定其行为是否构成犯罪。三是符合轻缓刑事政策精神。对于初犯、偶犯、临时起意窃取他人随身携带财物的，应与惯犯、有盗窃犯罪前科、有准备地到公共场所见到他人口袋内手机、财物而跟随窃取区别对待，当宽则宽。

三是以侵犯财物是否失控认定扒窃"犯罪既未遂状态"。笔者认为，"扒窃"具有既未遂状态，且应以所侵犯的财物是否失控作为既未遂的区分标准。理由有三：一是符合盗窃罪侵犯的法益。"扒窃"属于盗窃罪的一种罪状和行为方式，盗窃罪作为侵犯财产类犯罪，不仅要有盗窃行为，还要有盗窃的实际损害结果，其行为与结果一般不可分离，具有因果关系，存在扒窃行为本身导致被害人财产遭受损失的结果，无结果发生则属犯罪未遂。二是符合刑法总则犯罪未遂的原则性规定。"扒窃"犯罪属行为犯，存在扒窃时因行为人意志以外的原因而未得逞的情形，如正在实施扒窃时因被人发现而没有盗窃财物，其在量刑时应当区别于已窃取财物的情形。三是符合有关司法解释本意。《最高人民法院关于审理抢劫、抢夺刑事案件适用法律若干问题的意见》第十条规定：抢劫罪侵犯的是复杂客体，既侵犯财产权利又侵犯人身权利，具备劫取财物或者造成他人轻伤以上后果二者之一的，均属抢劫既遂；既未劫取财物，又未造成他人人身伤害后果的，属抢劫未遂。扒窃犯罪与抢劫犯罪同属于行为犯，最高法司法解释已明确抢劫存在未遂，则扒窃亦应同时存在未遂，并以未获取财物作为未遂的标准。

村民委员会聘请的护林员不属于渎职罪主体

郑　建*

村民委员会聘请的护林员是否符合渎职罪的主体要件在实践中存在不同认识。笔者结合办案实践，浅析自己对该问题的认识。

森林管护工作及护林员一职来源于森林法第十九条的规定："地方各级人民政府应当组织有关部门建立护林组织，负责护林工作；根据实际需要在大面积林区增加护林设施，加强森林保护；督促有林的和林区的基层单位，订立护林公约，组织群众护林，划定护林责任区，配备专职或者兼职护林员。"各级政府根据上述法律规定，以签订目标考核责任书的形式，将森林管护工作任务层层下达，一些地方的管护工作落到了村民委员会。村民委员会以工作安排的形式与有林地的生产队队长或者社员代表签订森林管护责任书，将森林管护工作落实给生产队队长或者社员代表。而担负起该项工作的生产队队长或者社员代表则成为了"护林员"。

2002年12月28日全国人大常委会《关于〈中华人民共和国刑法〉第九章渎职罪主体适用问题的解释》规定了渎职罪的三种犯罪主体：一是在依照法律、法规规定行使国家行政管理职权的组织中从事公务的人员；二是在受国家机关委托代表国家机关行使职权的组织中从事公务的人员；三是虽未列入国家机关人员编制但在国家机关中从事公务的人员，在代表国家机关行使职权时，有渎职行为，构成犯罪的。有观点认为，乡镇人民政府作为国家机关，将辖区内的森林管护职责委托给了村民委员会。此时，村民委员会即属于"受国家机关委托代表国家机关行使职权的组织"。村民委员会又聘请本村村民为护林员，负责管护森林资源，而该管护工作，应当理解为"从事公务"。此时，由村民委员会聘请的护林员便属于"组织中从事公务的人员"。

笔者认为，村民委员会聘请的护林员不符合渎职罪主体要件。具体理由如下：

首先，村民委员会系村民自治组织，不属于国家机关。因此，由村民委员会聘请的护林员不符合刑法中"在国家机关中从事公务的人员"和立法解释中"虽未列入国家机关人员编制但在国家机关中从事公务的人员"关于国家机关工作人员的认定。

其次，护林员的工作不属于全国人大常委会《关于〈中华人民共和国刑法〉第九十三条第二款的解释》（专门针对村民委员会等基层组织人员是否为刑法第九十三条第二款中规定的"其他依照法律从事公务的人员"的解释，以下简称《解释》）中规定的"救灾、抢险、防汛、优抚、扶贫、移民、救济款物的管理；社会捐助公益事业款物的管理；国有土地的经营和

---

* 四川省泸县人民检察院检察官。

管理；土地征收、征用补偿费用的管理；代征、代缴税款；有关计划生育、户籍、征兵工作"工作种类。因此，不符合"在依照法律、法规规定行使国家行政管理职权的组织中从事公务的人员"的规定。

再次，村民委员会聘请的护林员也不符合"在受国家机关委托代表国家机关行使职权的组织中从事公务的人员"的情况。具体分析如下：

一是村民委员会不属于"受国家机关委托代表国家机关行使职权"的组织。村民委员会必须协助政府从事《解释》规定的六项工作，才可以成为立法解释中规定的"组织"。

二是村民委员会聘请的护林员所从事的工作不具备"公务性"：

（1）即使以《解释》第七项的兜底解释认定村民委员会属于受国家机关委托代表国家机关行使职权的"组织"，但是，作为村民委员会聘请的护林员，其本身不是经村民选举或者经过相关选拔任用的村民委员会成员，仅是村委会为管护森林而临时聘请的人员，其与村民委员会之间仅存在普通劳务关系。

（2）护林员仅是在其责任区域内履行森林管护的职责，即森林防火、制止乱砍滥伐，并及时上报处理，并未被授予对社会公共事务的决定权、处理权，也就不能进行相应的代表国家机关行使组织、领导、监督、管理等活动，从而能够对其他人员产生特定的影响力和支配力等权力并承担相应职责。

（3）与护林员身份相近的辅警等"临聘人员"能够成为渎职犯罪的主体，其主要原因在于辅警从事的工作具备"公务性"，系与当地政府直接签订聘任合同，故辅警属于"受国家机关委托代表国家机关行使职权的组织中从事公务的人员"。

三是村民委员会聘请的护林员不属于法律意义上的护林员。森林法第十九条规定，护林员可以由县级或者乡级人民政府委任。但是村民委员会聘请的护林员仅是与村民委员会签订了责任书，村民委员会最多也只是将其聘请的护林员名单上报给乡镇人民政府进行备案，政府无任何任命文书，这就导致由村民委员会聘请的护林员缺少人民政府委任这一法律程序。因此，不符合法律规定的关于护林员的认定。

四是从刑法的谦抑性和权责利相统一的原则来看，村民委员会聘请的护林员也不应当认定为国家机关工作人员，并追究相应的刑事责任。从相关法律法规可以看出，各级林业主管部门和林业工作站是辖区内实施林业保护、管理的主体，不可能因分级签订管护责任书，而由村民委员会代表国家机关行使其职权。且护林员也不可能因与村民委员会签订了管护责任书，就可以行使与林业主管部门或林业站工作人员相同的权力。管护好森林资源是政府、各级林业部门、村民委员会、护林员以及每一名公民的共同责任，前者不能因签订责任书而推脱自身责任。再则，从以往办理的案件看，村民委员会聘请的护林员并无工资，每月仅有100元至200元的补助，该补助与其工作量和责任明显不对等，若再追究其刑事责任，明显有违刑法谦抑性和权责利相统一原则。

图书在版编目（CIP）数据

检察调研与指导.2018年.第4辑/万春，李雪慧主编.—北京：
研究出版社，2018.8

ISBN 978-7-5199-0493-7

Ⅰ.①检… Ⅱ.①万… ②李… Ⅲ.①检察机关-工作-中国-文集
Ⅳ.①D926.304-53

中国版本图书馆CIP数据核字（2018）第160730号

检察调研与指导（2018年第4辑）

作　　者	万春　李雪慧　主编
责任编辑	张璐
出版发行	研究出版社
地　　址	北京市东城区沙滩北街2号中研楼
电　　话	（010）86423525　64217612
网　　址	www.yanjiuchubanshe.com
印　　刷	北京明月印务有限责任公司
开　　本	787mm×1092mm　1/16
印　　张	8.5
版　　次	2018年8月第1版　2018年8月第1次印刷
书　　号	ISBN 978-7-5199-0493-7
定　　价	36.00元

2019年《检察调研与指导》订阅回执单

银行汇款

户　　名：中检清正文化传播（北京）有限公司

开户行：工行北京八大处支行

账　　号：0200 0135 0920 0067 955　　　　　　　银行行号：1021 0000 1354

联系人：左静　张慧

电　　话：010－86423512　86423525　86423510　86423350

邮　　箱：jcdyyzd@126.com　　　　　**传　　真**：010－86423512　86423525　88953983

☆汇款时请于汇款单附言栏简单注明订阅单位、套数，如"××院10套"。

☆请务必填写以下回执单，以电子邮件或传真方式发至我部，收到回执单后即开发票。

订阅单位		收件人	
办公电话		手机	
收件地址 （邮编）		电子发票 接收邮箱	
《检察调研与指导》 2019年1-6辑	订阅数量 （总定价240元）		
汇款时间	汇款金额		
汇款方式 （请通过公对公转账）	因特殊情况，以人名汇款的，请于汇款时备注单位名，并在此填写姓名：_____。		
发票抬头			
纳税人识别号（开票用）			

（本回执单复印有效）